Crises da República

Coleção Debates
Dirigida por J. Guinsburg

Equipe de Realização – Tradução: José Volkmann; Revisão: Antenor Celestino de Souza; Produção: Ricardo W. Neves, Sergio Kon e Lia N. Marques.

hannah arendt
CRISES DA REPÚBLICA

 PERSPECTIVA

Título do original em inglês
Crises of the Republic
Copyright © by Hannah Arendt 1969, 1970, 1971, 1972

Dados Internacionais de Catalogação na Publicação (CIP)
(Câmara Brasileira do Livro, SP, Brasil)

Arendt, Hannah, 1906-1975.
  Crises da República / Hannah Arendt ; [tradução José Volkmann]. — 3 ed. São Paulo : Perspectiva, 2017. — (Debates ; 85 / dirigida por J. Guinsburg)

  2. reimp. da 3. ed. de 2013
  Título original: Crises of the Republic
  Bibliografia.
  ISBN 978-85-273-0203-6

  1. Desobediência civil 2. Guerra do Vietnã, 1961-1975 - Estados Unidos 3. Política 4. Resistência ao governo 5. Revoluções 6. Violência I. Guinsburg, J. II. Título. III. Série.

06-3095   CDD-320.0904

Índices para catálogo sistemático:
1. Política contemporânea   320.0904

3ª edição – 2ª reimpressão
[PPD]

Direitos reservados em língua portuguesa à

EDITORA PERSPECTIVA LTDA.

Av. Brigadeiro Luís Antônio, 3025
01401-000 São Paulo SP Brasil
Telefax: (11) 3885-8388
www.editoraperspectiva.com.br

2019

SUMÁRIO

A Mentira na Política – *Considerações sobre os Documentos do Pentágono* 9

Desobediência Civil 49

Da Violência 91

Apêndices 157

Reflexões sobre Política e Revolução – *Um Comentário* 171

Para Mary McCarthy, com amizade.

A MENTIRA NA POLÍTICA
Considerações sobre os Documentos do Pentágono

"Não é bela a imagem da maior superpotência do mundo matando ou ferindo gravemente mil não-combatentes por semana, enquanto tenta arrastar uma pequena e atrasada nação à submissão, numa questão cujos méritos são grandemente discutíveis."

ROBERT S. MCNAMARA

1

A "História do processo norte-americano para tomada de decisões em política vietnamita" (encomendada pelo Secretário de Defesa Robert S. McNamara em junho de 1967 e completada um ano e meio depois), em quarenta e sete volumes, ficou conhecida como *Os Documentos do Pentágono* desde que o *New York Times* publicou, em junho de 1971, este registro altamente secreto e copiosamente documentado do papel dos Estados Unidos na Indochina desde a Segunda Guerra Mundial até maio de 1968; estes documentos são vistos por diversos ângulos e ensinam uma lição diferente para cada um dos leitores. Alguns afirmam que somente agora entenderam ser o Vietnã um produto "lógico" da guerra fria ou da ideologia anticomunista; outros pretendem ser esta uma oportunidade singular para aprender alguma coisa sobre os processos de tomada de decisão do governo; mas a maior parte dos leitores concordou que a questão básica suscitada pelos documentos é decepcionante. De qualquer modo, é bastante claro que isto dominava as mentes dos que compilaram *Os Documentos do Pentágono* para o *New York Times*, e é bem provável que assim fosse também para a equipe de escritores que preparou os quarenta e sete volumes do estudo original[1]. O famoso hiato de credibilidade, que nos acompanha há seis longos anos, de repente transformou-se num abismo. O redemoinho de declarações falsas de toda ordem, embustes e mesmo auto-embustes, está pronto a engolir qualquer leitor que pretenda pesquisar este material, o qual, infelizmente, deve ser reconhecido como tendo sido a infra-estrutura da política interna e externa norte-americana por quase uma década.

Devido às extravagantes dimensões a que chegou o comprometimento dos altos escalões do governo com a inveracidade em política, e devido à concomitante extensão a que se permitiu proliferar a mentira por todos os setores civis e militares do governo — as falsas contagens de corpos das missões de "busca e destruição", os adulterados relatórios de perdas da força aérea[2], e os relatórios de "avanços" das frentes para Washington, escritos por subordinados que sabiam que seus desempenhos seriam avaliados por seus próprios relatórios[3] — fica-se naturalmente tentado a esquecer a experiência passada da história, ela própria carente de virtude imaculada, contra a qual este novo episódio deve ser visto e julgado.

Sigilo — diplomaticamente chamado de "discrição" e de *arcana imperii* (os mistérios do governo) — e embuste, ou seja, a falsidade deliberada e a mentira descarada, são usados como meios legítimos para alcançar fins políticos desde os primórdios da história documenta-

---

(1) No dizer de LESLIE H. GELB, a quem estava confiada a equipe: "Acima de tudo, é claro, está a questão crucial da credibilidade do governo". Ver Today's Lesson from the Pentagon Papers, *Life* de 17 de setembro de 1971.
(2) STAVINS, Ralph; BARNET, Richard J.; RASKIN, Marcus G. *Washington Plans an Aggressive War*. Nova York, 1971. pp. 185-187.
(3) ELLSBERG, Daniel. The Quagmire Myth and the Stalemate Machine. *Public Policy*, primavera de 1971, pp. 262-263. Ver também GELB, Leslie H. Vietnam: The System Worked. *Foreign Policy*, verão de 1971, p. 153.

da. A veracidade nunca esteve entre as virtudes políticas, e mentiras sempre foram encaradas como instrumentos justificáveis nestes assuntos. Quem quer que reflita sobre estas questões ficará surpreso pela pouca atenção que tem sido dada ao seu significado na nossa tradição de pensamento político e filosófico; por um lado, pela natureza da ação, e por outro, pela natureza de nossa capacidade de negar em pensamento e palavra qualquer que seja o caso. Esta capacidade atuante e agressiva é bem diferente de nossa passiva suscetibilidade em sermos vítimas de erros, ilusões, distorções de memória, e tudo que possa ser culpado pelas falhas de nossos mecanismos sensuais e mentais.

Uma das características da ação humana é a de sempre iniciar algo novo, o que não significa que possa sempre partir *ab ovo,* criar *ex nihilo.* Para dar lugar à ação, algo que já estava assentado deve ser removido ou destruído, e deste modo as coisas são mudadas. Tal mudança seria impossível se não pudéssemos nos remover mentalmente de onde estamos fisicamente colocados e *imaginar* que as coisas poderiam ser diferentes do que realmente são. Em outras palavras, a negação deliberada da verdade dos fatos — isto é, a capacidade de mentir — e a faculdade de mudar os fatos — a capacidade de agir — estão interligadas; devem suas existências à mesma fonte: imaginação. Não é de nenhum modo natural podermos *dizer* "o sol está brilhando", quando na verdade está chovendo (a conseqüência de certas lesões cerebrais é a perda desta capacidade); a rigor isto indica que, apesar de estarmos bem equipados para o mundo, tanto sensual como mentalmente, não estamos adaptados ou encaixados a ele como uma de suas partes inalienáveis. Somos *livres* para reformar o mundo e começar algo novo sobre ele. Sem a liberdade mental de negar ou afirmar a existência, de dizer "sim" ou "não", — não apenas a afirmações ou proposições para expressar concordância ou discordância, mas para as coisas como se apresentam, além da concordância e discordância, aos nossos órgãos de percepção e conhecimento — nenhuma ação seria possível, e ação é exatamente a substância de que é feita a política[4].

(4) Para considerações mais gerais sobre a relação entre verdade e política ver meu "Truth and Politics". In: *Between Past and Future.* 2. ed., Nova York, 1968. (Trad. bras., *Entre o passado e o futuro.* São Paulo, Ed. Perspectiva, 1972.)

Entretanto, quando falamos de mentiras e especialmente de mentiras entre homens atuantes, é bom lembrar que ela não se insinuou na política por algum acidente da pecaminosidade humana. A afronta moral, por esta única razão, não consegue fazê-la desaparecer. A falsidade deliberada trata com fatos *contingentes;* ou seja, com coisas que não trazem em si nenhuma verdade inerente, nenhuma necessidade de ser como são. A veracidade dos fatos nunca é forçosamente verdadeira. Os historiadores sabem como é vulnerável a textura de fatos na qual passamos nossa vida cotidiana; está sempre em perigo de ser perfurada por mentiras comuns, ou ser estraçalhada pela mentira organizada de grupos, classes ou nações, ser negada e distorcida, muitas vezes encoberta cuidadosamente por camadas de falsidade, ou ser simplesmente deixada cair no esquecimento. Os fatos necessitam de testemunho para serem lembrados e de testemunhas de confiança para se estabelecerem, para que possam encontrar um abrigo seguro no domínio dos assuntos humanos. Disto decorre que nenhuma afirmação fatual pode estar além da dúvida — tão segura e protegida contra ataques como, por exemplo, a afirmação de que dois e dois são quatro.

É esta fragilidade que torna o embuste tão fácil *até certo ponto,* e tão tentador. Ele não entra em conflito com a razão, pois as coisas poderiam perfeitamente ser como o mentiroso diz que são. Mentiras são freqüentemente muito mais plausíveis, mais clamantes à razão do que a realidade, uma vez que o mentiroso tem a grande vantagem de saber de antemão o que a platéia deseja ou espera ouvir. Ele prepara sua história com muito cuidado para consumo público, de modo a torná-la crível, já que a realidade tem o desconcertante hábito de nos defrontar com o inesperado para o qual não estamos preparados.

Em circunstâncias normais o mentiroso é derrotado pela realidade, para a qual não há substituto; por maior que seja a rede de falsidade que um experimentado mentiroso tenha a oferecer, ela nunca será suficientemente grande para cobrir toda a imensidão dos fatos, mesmo com a ajuda de um computador. O mentiroso que consegue enganar com quantas falsidades comuns quiser, verá que é impossível enganar com mentiras de princípios. Esta é uma das lições que podiam ter sido aprendidas das experiências totalitárias e da assustadora confiança de seus dirigentes no poder da mentira — na capacidade de, por exemplo, reescreverem a história uma e outra vez para adaptar o passado à "linha política" do momento presente, ou de eliminarem dados que não se ajustam às suas ideologias. Desta forma, numa economia socialista, eles negariam a existência de desemprego, tornando-se o desempregado simplesmente uma não-pessoa.

Os resultados de tais experiências, quando empreendidas pelos que possuem os meios de violência, são terríveis, mas o embuste permanente não está entre eles. Sempre chega o ponto em que a mentira se torna contraproducente. Este ponto é alcançado quando a platéia à qual as mentiras são dirigidas é forçada a menosprezar por completo a linha demarcatória entre a verdade e a falsidade, para poder sobreviver. Verdade ou falsidade — já não importa mais o que seja, se sua vida depende de você agir como se acreditasse; a verdade digna de confiança desaparece por completo da vida pública, e com ela o principal fator de estabilização nos cambiantes assuntos dos homens.

Vamos agora acrescentar duas variedades mais recentes da arte de mentir aos muitos gêneros desenvolvidos no passado. Há, *em primeiro lugar,* a variedade aparentemente inócua dos encarregados das relações públicas do governo, que aprenderam seu ofício na inventividade da Madison Avenue. O trabalho de relações públicas não é mais que uma espécie de propaganda; portanto, tem sua origem na sociedade de consumo, com seu excessivo apetite por mercadorias a serem distribuídas através de uma economia de mercado. O problema com a mentalidade do relações públicas é que ele só trata com opiniões e "boa vontade" — a disposição para comprar — ou seja, trata com intangibilidades cuja realidade concreta é mínima. Isto quer dizer que, na verdade, parece não haver limites para suas invenções, pois falta-lhe o poder do político para atuar, para "criar" fatos, e, desta forma, falta-lhe aquela realidade comum do dia a dia que coloca limites ao poder e trás as forças da imaginação de volta à terra.

A única limitação àquilo que o relações públicas faz aparece quando ele descobre que as mesmas pessoas que podem talvez ser "manipuladas" para comprar um certo tipo de sabão não podem ser manipuladas — embora possam, é claro, ser forçadas pelo terror — para "comprar" opiniões e pareceres políticos. Deste modo, a premissa psicológica da manipulabilidade humana tornou-se uma das mercadorias principais oferecidas no mercado da opinião popular e erudita. Mas tais doutrinas não alteram a maneira como as pessoas formam opiniões, nem as impedem de agir conforme suas próprias cabeças. O único método próximo ao terror a ter real influência nas suas condutas é ainda a antiga abordagem com uma promessa na mão e um chicote às costas. Não é de surpreender que a nova geração de intelectuais, criada na insana atmosfera de desmesurada propaganda e ensinada que metade da política é "construção de imagem" e a outra metade a arte de fazer o povo acreditar em imagens, recorra quase que automaticamente aos mais antigos adágios da promessa e do chicote sempre que a situação se torna séria demais para "teoria". Para eles, a grande decepção na aventura do Vietnã seria a descoberta de que há povos para os quais os métodos da promessa e do chicote não funcionam mesmo.

(Estranhamente, a única pessoa passível de ser uma vítima ideal de completa manipulação é o presidente dos Estados Unidos. Em vista da imensidão de seu trabalho, ele precisa se cercar de assessores, os "encarregados da segurança nacional", como foram chamados recentemente por Richard J. Barnet, que "exercem seu poder principalmente filtrando as informações que alcançam o presidente e interpretando o mundo exterior para ele"[5]. É tentador argumentar que o presidente, supostamente o mais poderoso homem do mais poderoso país, é a única pessoa deste país cuja possibilidade de escolha pode ser predeterminada. Isto naturalmente só pode acontecer se o poder executivo se afastou do contato com os poderes legislativos do Congresso; é o resultado lógico no nosso sistema de governo em que o senado está sendo privado, ou reluta em exercer, seus poderes de participação e assessoramento na conduta de assuntos externos. Uma das funções do senado, como agora sabemos, é a de proteger o processo de tomada de decisões contra os transitórios modismos e tendências da sociedade em geral — no nosso caso, as excentri-

(5) *Op. cit.*, de Stavins, Barnet e Raskin, p. 199.

cidades de nossa sociedade de consumo e dos encarregados das relações públicas que a abastecem.)

A *segunda* nova variedade da arte de mentir, embora mais raramente encontrável na vida diária, tem um papel mais importante n'*Os Documentos do Pentágono*. Ela também recorre aos melhores homens, como por exemplo, os encontráveis nas mais altas fileiras do serviço civil. Na feliz frase de Neil Sheehan, eles são os "resolvedores de problemas" profissionais[6], e foram atraídos para o governo das universidades e dos diversos centros de assessoramento*; alguns deles equipados com teorias lúdicas e análises de sistemas, preparados assim, como pensavam, para resolver todos os "problemas" da política externa. Uma parte significativa dos autores do estudo de McNamara pertence a este grupo, que consistia de dezoito oficiais militares e dezoito civis dos centros de assessoramento, universidades e serviço público. Eles certamente "não eram um bando de pombos" — apenas um "punhado deles criticava o comprometimento americano" no Vietnã[7], mas é a eles que devemos esta história verídica, embora naturalmente incompleta, sobre o que se passava na máquina do governo.

Os resolvedores de problemas são caracterizados como homens de grande autoconfiança, que "raramente parecem duvidar de suas capacidades de prevalecer", e trabalhavam juntos com membros das forças armadas de quem a "história nos diz que 'eram homens acostumados a vencer' "[8]. Não devemos esquecer que ao empenho dos resolvedores de problemas na introspecção imparcial, raro entre tais pessoas, devemos o fato de terem sido frustradas as tentativas dos protagonistas de se esconderem atrás de uma cortina de sigilo autoprotetora (pelo menos até terem completado suas memórias — o mais enganoso gênero literário de nosso século). A integridade básica dos que escreveram o relatório está além da dúvida; eles realmente mereciam a confiança do Secretário McNamara para produzir um relatório "enci-

---

(6) *The Pentagon Papers*, como foi publicado pelo *New York Times*, New York, 1971, p. XIV. Meu ensaio foi preparado antes do aparecimento das edições publicadas pelo Departamento de Impressão do Governo e a *Beacon Press*, e por isso é baseado somente na edição Bantam.
(*) *Think Tanks* — Organizações de Pesquisas e Estudos. (N. do T.)
(7) *Op. cit.* de Leslie H. Gelb, em *Life*.
(8) *Os Documentos do Pentágono*. p. XIV.

clopédico e objetivo" que "doesse a quem doesse"[9]. Mas estas qualidades morais, que merecem admiração, não os impediram de participar durante muitos anos do jogo dos embustes e falsidades. Confiantes "na posição, na educação e no cumprimento"[10], talvez não tenham mentido por um patriotismo equívoco. O fato é que não mentiram tanto por seu país — e certamente não pela sobrevivência dele, que nunca esteve ameaçada — mas por sua "imagem". A despeito de serem inegavelmente inteligentes — o que é manifesto em muitos memorandos de seus próprios punhos — eles também acreditavam que política não passa de uma espécie de relações públicas, e foram levados por todas as bizarras premissas psicológicas subjacentes nesta crença.

No entanto, eram claramente diferentes dos construtores de imagem ordinários. A distinção está em que também eram resolvedores de problemas. Assim, não somente eram inteligentes, mas orgulhavam-se de serem "racionais", e realmente o eram, num grau assustador acima do "sentimentalismo" e no amor pela "teoria", o mundo do esforço mental puro. Eles estavam ansiosos por descobrir fórmulas, de preferência expressas numa linguagem pseudomatemática, que unificassem os mais disparatados fenômenos com os quais a realidade se apresentava; ou seja, estavam ansiosos por descobrir *leis* pelas quais explicar e predizer fatos políticos e históricos, como se fossem tão precisos, e portanto tão seguros como os físicos acreditavam que fossem os fenômenos naturais antigamente.

Todavia, diferentemente dos naturalistas, que tratam com assuntos que não são nem feitos nem representados pelo homem quaisquer que sejam suas origens, e que portanto podem ser observados, compreendidos e eventualmente até mesmo mudados através da mais meticulosa lealdade a uma determinada realidade fatual — tanto o historiador como o político tratam com questões humanas que devem sua existência à capacidade do homem para a ação, o que significa, à relativa liberdade do homem em relação às coisas como elas são. Os homens atuantes, quando se sentem donos de seus próprios futuros, ficarão eternamente tentados a se fazerem donos do passado também. Enquanto tiverem ape-

(9) LESLIE H. GELB, em *Life*.
10) *Os Documentos do Pentágono*. p. XIV.

tite para a ação e estiverem apaixonados por teorias, dificilmente terão a paciência do naturalista para esperar que as teorias e as explanações hipotéticas sejam provadas ou negadas pelos fatos. Em vez disso, estarão mais tentados a ajustar sua realidade — que é antes de tudo um produto do homem, e portanto poderia ser diferente — à sua teoria, ficando deste modo mentalmente livres de sua *contingência* desconcertante.

A aversão da razão à contingência é muito forte; foi Hegel, o pai de grandiosos esquemas históricos, quem sustentou que "a contemplação filosófica não tem outro intento que não o de eliminar o acidental[11]". Realmente, grande parte do moderno arsenal da teoria política — as teorias lúdicas e as análises de sistemas, os *scripts* escritos para "platéias" imaginárias e a cuidadosa lista de comumente três "opções" — A, B, C — onde A e C representam os extremos opostos e B a "solução" mediana "lógica" do problema — tem sua fonte nesta aversão profundamente assentada. A falha de tal raciocínio começa em querer reduzir as escolhas a dilemas mutuamente exclusivos; a realidade nunca se apresenta com algo tão simples como premissas para conclusões lógicas. O tipo de raciocínio que apresenta A e C como indesejáveis e assim se decide por B, dificilmente serve algum outro propósito que não o de desviar a mente e embotar o juízo para a infinidade de possibilidades reais. O que os resolvedores de problemas têm em comum com os verdadeiros mentirosos é o empenho em se livrarem dos fatos, e a confiança em que isto seja possível por causa da contingência inerente dos fatos.

A verdade é que isto não pode nunca ser feito nem pela teoria nem pela manipulação da opinião — como se um fato pudesse ser removido do mundo simplesmente porque gente bastante acredita na sua não-existência. Isto só pode ser feito através de radical destruição — como no caso do assassino que *diz* que a Sra. Smith morreu e então vai e a mata. No domínio da política, tal destruição teria que ser em larga escala. É desnecessário dizer que nunca existiu em nenhum nível do governo tal desejo de destruição em larga escala, a despeito do atemorizante número de crimes de guerra

(11) *Die Philosophische Weltgeschichte. Entwurf von 1830: "Die philosophische Betrachtung Hat Keine andere Absicht als das Zufällige zu entfernen".*

cometidos durante a guerra do Vietnã. Mas mesmo onde esteja presente este desejo, como estava no caso de Hitler e Stálin, o poder para realizá-lo teria que beirar a onipotência. Para eliminar o papel de Trotsky na história da Revolução Russa, não basta matá-lo e eliminar seu nome de todos os registros russos, pois não se pode matar todos os seus contemporâneos nem exercer controle sobre as bibliotecas e arquivos de todos os países do mundo.

2

A dissimulação, a falsidade e o papel da mentira deliberada tornaram-se as questões centrais d'*Os Documentos do Pentágono,* mais do que ilusão, erro, falhas de cálculo e coisas assim, devido principalmente ao estranho fato de que as decisões incorretas e as declarações mentirosas violavam consistentemente os relatos fatuais da comunidade da Inteligência espantosamente exatos, pelo menos como foram registrados na edição Bantam. A questão crucial não é apenas que a política da mentira quase nunca visava o inimigo (esta é uma das razões porque os documentos não revelam segredos militares, que poderiam ser enquadrados no Ato da Espionagem), mas estava destinada principalmente, senão exclusivamente, ao consumo doméstico, à propaganda caseira, e especialmente a enganar o Congresso. O incidente de Tonkin, em que o inimigo conhecia todos os fatos e a Comissão de Relações Exteriores do Senado não conhecia nenhum, é um exemplo.

Ainda mais interessante é que quase todas as decisões deste desastroso empreendimento eram tomadas com total conhecimento do fato de que provavelmente não poderiam ser executadas: deste modo, os objetivos tinham que ser constantemente alterados. Em primeiro lugar os objetivos publicamente proclamados — "providenciar para que o povo do Vietnã do Sul possa determinar seu futuro" ou "ajudar o país a ganhar a batalha contra a...conspiração comunista" ou conter a China e evitar o efeito dominó ou proteger a reputação dos Estados Unidos de "fiadores da anti-subversão"[12]. A

(12) *Os Documentos do Pentágono.* p. 190.

estes, Dean Rusk recentemente acrescentou a meta de evitar a Terceira Guerra Mundial, embora isto não pareça estar n'*Os Documentos do Pentágono* e não tenha tido um papel no registro dos fatos como o conhecemos. A mesma flexibilidade marca as considerações táticas: o Vietnã do Norte está sendo bombardeado para impedir "o colapso da moral nacional"[13] no Sul e, em particular, o colapso do governo de Saigon. Mas quando as primeiras incursões estavam programadas para começar, o governo caiu e "o pandemônio reinou em Saigon", as incursões tiveram que ser adiadas e procurado um novo objetivo[14]. Agora o objetivo era compelir "Hanói a deter o vietcong e o Pathet Lao", uma meta que nem mesmo a Junta de Comando de Estado Maior esperava alcançar. Como eles disseram, "seria inútil concluir que estes esforços terão algum efeito decisivo"[15].

A partir de 1965, a idéia de uma nítida vitória recuou para um segundo plano e o objetivo tornou-se "convencer o inimigo de que *ele* não poderia vencer" (o grifo é nosso). E já que o inimigo permaneceu não-convencido, apareceu um novo objetivo: "evitar uma derrota humilhante" — como se a marca da derrota na guerra fosse apenas a humilhação. *Os Documentos do Pentágono* relatam exatamente o apavorante medo do impacto da derrota, não para o bem-estar da nação, mas "para a *reputação* dos Estados Unidos e seu presidente" (o grifo é nosso). Deste modo, pouco antes, durante os muitos debates sobre a conveniência do emprego de tropas terrestres contra o Vietnã do Norte, o argumento dominante não era o medo da derrota em si nem o interesse com o bem-estar das tropas no caso de uma retirada, mas: "Uma vez que as tropas americanas estejam dentro, será difícil retirá-las... sem *admitir* a derrota" (o grifo é nosso)[16]. Finalmente, havia a meta "política" de "mostrar ao mundo até onde vão os Estados Unidos por um país amigo" e "para honrar compromissos"[17].

Todos estes objetivos existiam juntos, de um modo muito confuso; nenhum podia cancelar seus predecesso-

(13) *Ibidem*, p. 312.
(14) *Ibidem*, p. 392.
(15) *Ibidem*, p. 240.
(16) *Ibidem*, p. 437.
(17) *Ibidem*, pp. 434, 436.

res. Cada um se dirigia a uma "platéia" diferente, e para cada um tinha que ser produzido um novo *script*. A lista muito citada de John T. McNaughton das metas americanas para 1965, "70% — evitar uma derrota humilhante para os Estados Unidos (para nossa reputação de fiadores). 20% — evitar que o Vietnã do Sul (e territórios adjacentes) caia em mão chinesas. 10% — permitir que o povo do Vietnã do Sul desfrute de um modo de vida melhor e mais livre"[18], é animadora em sua honestidade, mas provavelmente foi composta para trazer alguma ordem e alguma luz aos debates sobre a sempre turbulenta questão: por que estamos conduzindo uma guerra no Vietnã, entre tantos outros lugares. Num esboço prévio de memorando (1964), McNaughton mostrou, talvez involuntariamente, quão pouco acreditava, mesmo no começo do jogo sangrento, na possibilidade de se vir a atingir qualquer objetivo substancial; "Se o Vietnã do Sul se desintegrasse por completo debaixo de nós, deveríamos tentar mantê-lo unido o tempo suficiente para tentar evacuar nossas tropas e *convencer o mundo* a aceitar a singularidade (e impossibilidade congênita) do caso sul-vietnamita" (o grifo é nosso)[19].

"Convencer o mundo"; "demonstrar que os EE.UU. eram um 'competente doutor' pronto a manter promessas, ser rijo, assumir riscos, ser ferido e ferir o inimigo ao máximo"[20]; usar uma "pequena e atrasada nação" sem qualquer importância estratégica "como um *teste* para a capacidade dos Estados Unidos em ajudar uma nação a enfrentar uma 'guerra de libertação' comunista" (o grifo é nosso)[21]; manter intacta uma imagem de onipotência, "nossa posição de liderança mundial"[22]; demonstrar o "desejo e a capacidade dos Estados Unidos de fazer o que quiserem em assuntos mundiais"[23]; mostrar "a credibilidade de nossas promessas para os amigos e aliados"[24]; resumindo, *"comportar-se* (o grifo é nosso) como a maior potência do mundo" por nenhuma outra razão além de convencer o

(18) *Ibidem*, p. 432.
(19) *Ibidem*, p. 368.
(20) *Ibidem*, p. 255.
(21) *Ibidem*, p. 278.
(22) *Ibidem*, p. 600.
(23) *Ibidem*, p. 255.
(24) *Ibidem*, p. 600.

mundo deste "simples fato" (como disse Walt Rostow)[25] — tal foi o único objetivo permanente que, com o começo da administração Johnson, empurrou para um segundo plano todos os outros objetivos e teorias, tanto a teoria dominó e a estratégia anticomunista dos primeiros estágios do período da guerra fria, como a estratégia da contra-insurreição tão cara à administração Kennedy.

O alvo básico não era nem poder nem lucro. Nem tampouco influência no mundo para servir a interesses particulares, tangíveis, para o que seria necessário e intencionalmente utilizado o prestígio, a imagem, da "maior potência do mundo". O objetivo era agora a própria imagem, como está manifesto na linguagem dos resolvedores de problemas com seus *scripts* e "platéias" tomados emprestados do teatro. Para este alvo básico todas as políticas se tornaram meios permutáveis a curto prazo, até que finalmente, quando todos os sinais indicavam a derrota na guerra de desgaste, o objetivo já não era mais evitar uma derrota humilhante, mas descobrir meios e modos de evitar admiti-la e "salvar a cara".

A construção de imagem como política global — não conquista do mundo, mas vitória na batalha "para ganhar a mente dos povos" — é realmente algo novo no imenso arsenal de loucuras humanas registrado na história. Isto não foi empreendido por alguma nação de terceira categoria sempre pronta a ostentar para compensar o fato real, ou por uma das antigas potências coloniais que tendo perdido sua posição em conseqüência da Segunda Guerra Mundial estaria tentada, como estava De Gaulle, a alardear sua volta à proeminência, mas pela "potência dominante" no fim da guerra. Talvez seja natural para os que ocupam cargos eletivos — que devem tanto, ou *acreditam* que devem tanto aos seus diretores de campanha — imaginar que manipulação é o que dirige a mente das pessoas e portanto é o que realmente dirige o mundo. (O rumor, recentemente relatado na seção "Notes and Comment" do *The New Yorker,* de que "a administração Nixon-Agnew estava planejando uma campanha, organizada e dirigida por Herb Klein, seu diretor de comunicações, para destruir a 'credibilidade' da imprensa antes da eleição pre-

(25) *Ibidem,* p. 256.

sidencial de 1972" está bem dentro desta mentalidade de relações públicas.)[26]

É surpreendente a ansiedade das multidões de "intelectuais" que ofereceram sua entusiástica ajuda a esta empresa imaginária, talvez fascinados pela enormidade do exercício mental que ela aparentava requerer. Repetindo, deve ser natural para os resolvedores de problemas, acostumados a traduzir o conteúdo dos fatos para a linguagem dos números e das porcentagens, onde podem ser calculados, permanecerem na ignorância da indescritível miséria que suas "soluções" — programas de pacificação e relocação, desfolhamento, napalm e projéteis antipessoais — reservam para "amigos" que precisavam ser "salvos" e para um "inimigo" que não tinha nem vontade nem poderio para sê-lo antes de nós o atacarmos. Mas é embaraçoso que, tratando com as mentes das pessoas, aparentemente nenhum deles tenha percebido que o "mundo" poderia ficar assustado com a amizade e o comprometimento norte-americano, quando era "mostrado" e observado "até onde iriam os EE.UU. para cumpri-los"[27]. Nenhuma realidade e nenhum bom senso podia penetrar as mentes dos resolvedores de problemas[28] que incansavelmente preparavam seus *scripts* para platéias relevantes" a fim de mudar seus estados de espírito — "os comunistas (que precisam sentir pressões violentas), os sul-vietnamitas (cuja moral deve ser sustentada), nossos aliados (que devem confiar em nós como "agentes de seguro") e o público norte-americano (que deve apoiar o risco com vidas e prestígio norte-americanos)"[29].

Hoje sabemos como se julgava mal todas essas platéias; de acordo com Richard J. Barnet, na sua excelente contribuição ao livro *Washington Plans an Aggressive War,* a "guerra se tornou um desastre porque os Encarregados da Segurança Nacional julgavam errado cada platéia"[30]. Mas o pior erro, o realmente básico, foi dirigir-se às platéias com os meios da guerra, decidir questões militares de uma "perspectiva política e de relações públicas" (onde "política" significava a perspec-

---

(26) *The New Yorker,* 10 de julho de 1971.
(27) *Os Documentos do Pentágono,* p. 436.
(28) No dizer de Leslie H. Gelb: "A comunidade da política externa se tornou uma 'casa sem janelas'", *Life, op. cit.*
(29) *Os Documentos do Pentágono,* p. 438.
(30) *Op. Cit.* de Stavins, Barnet e Raskin, p. 209.

tiva da próxima eleição presidencial e "relações públicas" a imagem dos Estados Unidos no mundo), e não pensar nos riscos reais, mas em "técnicas para minimizar o impacto de maus eventos". Entre propostas para esta última foi recomendada a criação de " 'ofensivas' diversivas em outras partes do mundo" junto com o lançamento de um "programa antipobreza para áreas subdesenvolvidas"[31]. Nem por um instante ocorreu a McNaughton, o autor deste memorando, que sem dúvida era um homem de inteligência incomum, que suas diversivas, ao contrário das diversões* do teatro, teriam consequências graves e totalmente imprevisíveis; mudariam o próprio mundo no qual os Estados Unidos desencadearam e conduziram sua guerra.

Tal afastamento da realidade perseguirá o leitor d'*Os Documentos do Pentágono* que tiver a paciência de lê-los até o fim. Barnet, no ensaio mencionado acima, tem a dizer sobre a questão o seguinte: "O modelo burocrático desalojou por completo a realidade: os fatos duros e inflexíveis, que tantos analistas da inteligência foram regiamente pagos para coletar, foram ignorados"[32]. Não tenho certeza de que bastem os males da burocracia como explicação, embora certamente eles facilitassem a desfatualização. De qualquer modo, a relação, ou melhor, a não-relação entre os fatos e a decisão, entre a comunidade da inteligência e os serviços civis e militares, é talvez o mais significativo e certamente o mais bem guardado segredo que *Os Documentos do Pentágono* revelaram.

Seria de grande interesse saber o que capacitou os serviços de inteligência a parmenecerem tão perto da realidade nesta "atmosfera de *Alice no país das maravilhas*", que os documentos imputam às estranhas operações do governo de Saigon, mas que em retrospecto melhor parece descrever o mundo desfatualizado em que objetivos políticos eram estabelecidos e decisões militares eram tomadas. O papel destes serviços no sudeste asiático, no princípio, estava longe de ser promissor. No começo d'*Os Documentos do Pentágono* encontramos registrada a decisão de iniciar uma "guerra encoberta" nos primeiros anos da administração Eisenhower, quan-

---
(31) *Os Documentos do Pentágono*. p. 438.
(*) *Diversion* — Trocadilho intraduzível. (N. do T.)
(32) *Op. cit.* de STAVINS, BARNET e RASKIN, p. 24.

do o executivo ainda pensava que era necessário autorização do Congresso para iniciar uma guerra. Eisenhower era bastante antiquado para acreditar na Constituição. Ele se avistou com líderes do Congresso e optou contra a intervenção aberta porque foi informado que o Congresso não apoiaria tal decisão[33]. Quando mais tarde, no começo da administração Kennedy, "a guerra aberta", isto é, o despacho de "tropas de combate", foi discutida, "a questão da autorização pelo Congresso de atos abertos de guerra contra uma nação soberana nunca foi seriamente levantada"[34]. Mesmo quando, por intermédio de Johnson, os governos estrangeiros estavam inteiramente informados sobre nossos planos de bombardear o Vietnã do Norte, parece que não havia informações similares e consultas aos líderes do Congresso[35].

Durante a administração de Eisenhower foi formada a Missão Militar de Saigon, sob o comando do Coronel Edward Lansdale, que deveria "empreender operações para-militares... e promover a guerra político-psicológica"[36]. Isto significava na prática: imprimir folhetos que espalhariam mentiras falsamente atribuídas ao outro lado; derramar "contaminantes nos motores" da companhia de ônibus de Hanói antes que os franceses deixassem o Norte; dar "aulas de língua inglesa... para as mulheres dos personagens importantes", e contratar uma equipe de astrólogos vietnamitas[37]. Tal fase cômica prosseguiu no começo da década dos 60, até que as forças armadas assumissem. Depois da administração Kennedy a doutrina da contra-insurreição recuou para um segundo plano — talvez porque durante a queda do Presidente Ngo Dinh Diem tenha ficado claro que as Forças Especiais Vietnamitas, financiadas pela CIA, "tinham se tornado de fato o exército privado do Sr. Nhu", irmão de Diem e seu conselheiro político[38].

As seções de averiguações dos fatos dos serviços de inteligência eram isoladas de todas as operações encobertas que por ventura estivessem ocorrendo no campo de batalha, o que significava que elas, pelo menos, eram responsáveis somente pela coleta de informações e

(33) *Os Documentos do Pentágono*. pp. 5 e 11.
(34) *Ibidem*, p. 268.
(35) *Ibidem*, pp. 334-335.
(36) *Ibidem*, p. 16.
(37) *Ibidem*, p. 15 e ss.
(38) *Ibidem*, p. 166.

não pela criação das notícias em si. Elas não tinham qualquer necessidade de mostrar resultados positivos, e não estavam sob qualquer pressão de Washington para produzir boas notícias que alimentassem a máquina das relações públicas, ou para inventar contos de fadas sobre "progresso contínuo, avanços virtualmente miraculosos ano após ano"[39]. Eram relativamente independentes e daí resultou que disseram a verdade, ano após ano. Parece que nestes serviços da inteligência as pessoas não diziam "a seus superiores o que julgavam que eles quisessem ouvir", "as avaliações (não) eram feitas pelos executantes", e nenhum oficial comandante dizia a seus agentes aquilo que "disse um comandante de divisão americana a um de seus assessores distritais, que insistia em denunciar a persistente presença de aldeias vietcongs não-pacificadas em sua área: 'Filho, você está escrevendo nosso próprio relatório neste país. Por que está nos traindo?' "[40] Parece também que os responsáveis pelas estimativas da inteligência nada tinham a ver com os resolvedores de problemas e seus desprezos pelos fatos e pelo caráter acidental de todos os fatos. O preço que pagaram por estas primazias objetivas foi o de não terem tido seus relatórios qualquer influência nas decisões e nas proposições do Conselho de Segurança Nacional.

Após 1963, o único traço discernível do período da guerra encoberta era a infame "estratégia da provocação", isto é, um programa completo de "deliberadas tentativas de provocar a RDV (República Democrática do Vietnã (do Norte)) a empreender ações que poderiam então ser respondidas com uma sistemática campanha aérea dos EE.UU."[41]. Tais táticas não estão entre os ardis da guerra. São típicas de polícia secreta e tornaram-se tão notórias quanto contraproducentes nos dias de declínio da Rússia Tzarista, quando os agentes da Okhrana, organizando espetaculares assassinatos, "serviam sem querer às idéias daqueles que denunciavam"[42].

---

(39) *Ibidem*, p. 25.
(40) *Op. cit.* de GELB, em *Foreign Policy; op. cit.* de ELLSBERG.
(41) *Os Documentos do Pentágono*, p. 313.
(42) LAPORTE, Maurice. *L'histoire de l'Okhrana*. Paris, 1935. p. 25.

3

A divergência entre os fatos — estabelecidos pelos serviços de inteligência, às vezes pelos próprios tomadores de decisão (como no caso de McNamara), e freqüentemente disponíveis para o público informado — e as premissas, teorias e hipóteses, segundo as quais as decisões eram finalmente tomadas, é completa. E a extensão de nossos fracassos e desastres durante estes anos só pode ser entendida quando se tem firmemente na cabeça a totalidade desta divergência. Por isto lembrarei ao leitor alguns fatos marcantes:

Em relação à teoria dominó, enunciada em 1950[43] e que sobreviveu, como se tem dito, aos "mais momentosos eventos": A resposta da CIA à pergunta do Presidente Johnson em 1964: "O resto do sudeste asiático cairia necessariamente se o Laos e o Vietnã do Sul ficassem sob controle do Vietnã do Norte?" era, "É provável que nenhuma nação da área sucumba rapidamente ao comunismo como resultado da queda do Laos e do Vietnã do Sul, com a possível exceção do Camboja"[44]. Quando cinco anos mais tarde a administração Nixon fez a mesma pergunta, "foi avisada pela Agência Central de Inteligência... que (os Estados Unidos) poderiam se retirar do Vietnã do Sul imediatamente que 'todo o sudeste asiático ficaria exatamente como está por mais pelo menos uma geração' "[45]. Segundo *Os Documentos do Pentágono,* "somente a Junta de Comando, o Sr. (Walt W.) Rostow e o General (Maxwell) Taylor parecem ter aceito a teoria dominó em seu sentido literal"[46], mas o caso é que mesmo os que não a aceitaram, usaram-na, e não somente em declarações públicas, mas também como parte de suas próprias premissas.

Em relação ao clamor de que os insurretos sulvietnamitas eram "dirigidos e sustentados do exterior" por uma "conspiração comunista": a estimativa da comunidade da inteligência em 1961 era que "80 a 90 por cento dos 17 000 vietcongs estimados tinham sido recrutados no local, e que havia pouca evidência de que

---

(43) *Os Documentos do Pentágono.* p. 6.
(44) *Ibidem,* pp. 253-254.
(45) "The Chicago Sun-Times", citado em The Week in Review, do *New York Times,* 27 de junho de 1971.
(46) *Os Documentos do Pentágono.* p. 254.

contassem com suprimentos externos"[47]. Após três anos, a situação continuava inalterada: segundo uma análise da inteligência de 1964, "as primeiras fontes de resistência comunista no Vietnã do Sul são nativas"[48]. Em outras palavras, o fato elementar de que havia uma guerra civil no Vietnã do Sul não era desconhecido nos círculos dos que tomavam as decisões. Não tinha o Senador Mike Mansfield alertado Kennedy, já em 1962, de que mandar mais reforço militar ao Vietnã do Sul significaria que "os norte-americanos estariam controlando o combate numa guerra civil... (que) feriria o prestígio americano na Ásia e não ajudaria o Vietnã do Sul a se agüentar por seus próprios pés"?[49]

Apesar de tudo o bombardeio ao Vietnã do Norte começou, em parte, porque a teoria dizia que "uma revolução poderia ser extinta cortando-se as fontes externas de suprimento e apoio". Esperava-se que as bombas "dobrassem a vontade" do Vietnã do Norte de apoiar os rebeldes no Sul, embora os próprios tomadores de decisões (neste caso McNaughton) soubessem bastante sobre a natureza nativa da revolta para duvidar que os vietcongs "obedecessem a um Vietnã do Norte submisso"[50], e a Junta de Comando não acreditasse, antes de tudo, "que estes esforços terão algum efeito decisivo" na vontade de Hanói[51]. Em 1965, segundo um relatório de McNamara, os membros do Conselho de Segurança Nacional tinham concordado que o Vietnã do Norte "não estava propenso a parar... e de qualquer modo, seria mais fácil eles desistirem por causa da derrota do vietcong no Sul do que pelo 'castigo' ocasionado pelas bombas no Norte"[52].

Por último, ultrapassados somente pela teoria dominó, havia os grandes estratagemas baseados na premissa de uma monolítica conspiração mundial comunista e na existência de um bloco Sino-Soviético, em adição à hipótese do expansionismo chinês. A idéia de que a China precisa ser "contida" foi refutada agora, em 1971, pelo Presidente Nixon; mas há mais de quatro anos McNamara escrevera: "Na medida em que nossa

(47) *Ibidem*, p. 98.
(48) *Ibidem*, p. 242.
(49) *Op. cit.* de ELLSBERG, p. 247.
(50) *Os Documentos do Pentágono*. p. 433.
(51) *Ibidem*, p. 240.
(52) *Ibidem*, p. 407.

intervenção original e nossas ações presentes no Vietnã foram motivadas pela necessidade perceptível de limitar o expansionismo chinês na Ásia, nosso objetivo já foi alcançado"[53], embora dois anos antes ele tivesse concordado que a meta dos Estados Unidos no Vietnã do Sul não "era 'ajudar um amigo' mas conter a China"[54].

Os críticos da guerra denunciaram todas estas teorias devido ao conflito óbvio delas com os fatos conhecidos — como a não-existência do bloco sino-soviético, conhecida por todos familiarizados com a história da revolução chinesa e a resoluta oposição de Stálin a ela, ou o caráter fragmentário do movimento comunista desde o fim da Segunda Guerra Mundial. Uma parte destes críticos foi mais longe e desenvolveu uma teoria própria: os Estados Unidos, tendo saído da Segunda Guerra Mundial como a maior potência, envolveram-se numa densa política imperialista que aspira fundamentalmente ao controle do mundo. A vantagem desta teoria é que ela pode explicar a ausência de interesses nacionais em todo o empreendimento — pois o sintoma de aspirações imperialistas sempre foi não serem estas aspirações guiadas nem limitadas por interesses nacionais ou divisas territoriais — embora não leve em conta o fato de que este país estivesse insistindo loucamente em "derramar seus recursos pelo ralo no lugar errado" (como teve a coragem de dizer ao Presidente Johnson em 1965 seu sub-secretário de estado, George Ball, o único assessor que ousou romper o tabu e aconselhar imediata retirada)[55].

Evidentemente não era um caso de "meios limitados para alcançar fins excessivos"[56]. Seria excessivo para uma "superpotência" acrescentar mais um pequeno país à sua fileira de estados dependentes, ou conseguir uma vitória sobre uma "pequena e atrasada nação"? Antes seria um exemplo inacreditável de uso de meios excessivos para alcançar metas menores numa região de interesse secundário. Foi justamente esta inevitável impressão de esforço sem sentido que acabou por levar o país à convicção "ampla e poderosamente sustentada de que o *Establishment* estava fora de sua imaginação. A sensação é a de que estamos tentando impor uma

(53) *Ibidem*, p. 583.
(54) *Ibidem*, p. 342.
(55) *Ibidem*, p. 414.
(56) *Ibidem*, p. 584.

imagem dos EE.UU. a povos distantes que não podemos compreender... e estamos levando a coisa a uma distância absurda", como escreveu McNaughton em 1967[57].

Seja como for, a edição Bantam d'*Os Documentos do Pentágono* não contém nada em apoio à teoria dos grandiosos estratagemas imperialistas. A importância das bases de terra, mar e ar, tão decisivamente sérias para a estratégia imperialista, só é mencionada duas vezes — uma pela Junta de Comando do Estado Maior, que assinalou que "nossa capacidade para a guerra limitada" seria "marcadamente" reduzida se a perda do "território do sudeste asiático" resultasse na perda de "bases aéreas, marítimas e terrestres"[58], e outra no relatório de McNamara de 1964 que diz explicitamente: "Nós *não* exigimos que o Vietnã do Sul sirva como base do Ocidente ou como membro de uma Aliança Ocidental" (o grifo é nosso)[59]. As únicas declarações públicas do governo norte-americano durante este período que realmente disseram a pura verdade foram as repetidíssimas afirmações, bem menos plausíveis que algumas outras idéias dos relações públicas, de que nós não estávamos pretendendo ganhos territoriais ou qualquer outro proveito tangível.

Isto não significa que uma genuína política global americana com matizes imperialistas teria sido impossível depois do colapso das velhas potências coloniais. *Os Documentos do Pentágono,* em geral tão vazios de novidades espetaculares, revelam um incidente, nada mais que um rumor que eu saiba, que parece indicar como eram consideráveis as chances para uma política global que depois foi derrotada em nome da construção de imagem e da conquista da mente dos povos. De acordo com um cabograma de um diplomata americano em Hanói, Ho Chi Minh escreveu diversas cartas em 1945 e 1946 para o Presidente Truman solicitando aos Estados Unidos "que apoiassem a idéia de independência do Anam conforme o *exemplo filipino*; que considerassem o caso dos anamitas e tomassem as medidas necessárias para a manutenção da paz mundial posta em perigo pela tentativa dos franceses de reconquistar

(57) *Ibidem*, pp. 534-535.
(58) *Ibidem*, p. 153.
(59) *Ibidem*, p. 278.

a Indochina" (o grifo é nosso)⁶⁰. É verdade; cartas semelhantes foram enviadas para outros países: China, Rússia e Grã-Bretanha, sem que nenhum deles, no entanto, pudesse dar a proteção solicitada naquele momento particular, que teria colocado a Indochina na mesma posição semi-autônoma de outros estados dependentes deste país. Um segundo e igualmente espantoso incidente, aparentemente mencionado na época pelo *Washington Post*, foi registrado nas "Séries Especiais da China", documentos publicados pelo Departamento de Estado em agosto de 1969, mas que só vieram a ser notados pelo público quando foram comentados por Terence Smith no *New York Times*. Mao e Chu En-lai, soube-se, abordaram o Presidente Roosevelt em janeiro de 1945, "tentando estabelecer relações com os Estados Unidos *para evitar total dependência da União Soviética*" (o grifo é nosso). Parece que Ho Chi Minh jamais recebeu resposta, e informes sobre a abordagem chinesa foram suprimidos pois, como comentou o Prof. Allen Whiting, contradiziam "a imagem do comunismo monolítico dirigido de Moscou"⁶¹.

Embora os que tomavam decisões certamente conhecessem os relatórios da Inteligência, cujas afirmações concretas eles tinham, de certo modo, que eliminar de suas cabeças dia após dia, acho inteiramente possível que não estivessem inteirados destes documentos anteriores que teriam mostrado a mentira de todas as suas premissas antes que elas pudessem se tornar teorias maduras e arruinar o país. Certas circunstâncias bizarras presentes na recente desrestrição irregular e inesperada de documentos altamente secretos, levam a pensar assim. É de surpreender que *Os Documentos do Pentágono* fossem preparados durante tantos anos sem que as pessoas na Casa Branca, no Departamento de Estado e no Departamento de Defesa tivessem conhecimento do estudo; mas ainda é mais surpreendente que, após seu término, com coleções despachadas em todas as direções dentro da burocracia do governo, a Casa Branca e o Departamento de Estado fossem incapazes

(60) *Ibidem*, pp. 4, 26.
(61) *New York Times* de 29 de junho de 1971. O Sr. Smith cita o depoimento do Professor Whiting ante a Comissão de Relações Exteriores do Senado sobre o documento, que aparece no *Foreign Relations of the United States: Diplomatic Papers*, 1945, v. VII: "The Far East China", Washington, D.C., 1969. p. 209.

até mesmo de localizar os quarenta e sete volumes, indicando claramente que os que deveriam estar mais interessados no que o estudo relatava nunca tinham posto os olhos nele.

Isto espalha alguma luz num dos mais graves perigos da restrição exagerada: ao povo e seus representantes eleitos é negado acesso àquilo que precisam saber para formar opinião e tomar decisões, e os protagonistas, que recebem autorização superior para conhecer todos os fatos relevantes, mantêm-se bem-aventuradamente ignorantes deles. E isto é assim, não porque uma mão invisível deliberadamente os desencaminhe, mas porque trabalham em tais circunstâncias e com tais hábitos mentais que não lhes permitem nem tempo nem boa vontade para irem caçar fatos pertinentes em montanhas de documentos, 99,5% dos quais não deveriam ser restritos e a maior parte dos quais são irrelevantes para qualquer finalidade prática. Mesmo agora que a imprensa trouxe uma certa parte deste material restrito ao domínio público e que foi dado aos membros do Congresso o estudo completo, não parece que os mais carentes destas informações as tenham lido, ou jamais o farão. De qualquer modo, a realidade é que a menos dos próprios compiladores, "as pessoas que leram estes documentos no *Times* foram os primeiros a estudá-los"[62], o que faz a gente indagar sobre a acalentada idéia de que o governo precisa de *arcana imperii* para funcionar adequadamente.

Se os mistérios do governo obscureceram a tal ponto as mentes dos protagonistas que eles já não conhecem ou não mais se lembram da verdade por detrás de seus segredos e mentiras, toda a operação de embuste por melhor organizadas que sejam suas "campanhas-maratonas de informação", como disse Dean Rusk, e por mais sofisticadas que sejam suas caríssimas maquinações — cairá por terra ou tornar-se-á contraproducente, isto é, confundirá o povo sem convencê-lo. O problema com a mentira e o engodo é que só são eficientes se o mentiroso e o impostor têm uma clara idéia da verdade que estão tentando esconder. Neste sentido, a verdade mesmo que não prevaleça em público, possui uma primazia inerradicável sobre qualquer falsidade.

(62) TOM WICKER no *New York Times*, 8 de julho de 1971.

No caso da guerra do Vietnã, nós nos confrontamos, além da confusão e da falsidade, com uma ignorância verdadeiramente espantosa e inteiramente sincera, sobre a experiência historicamente pertinente: os que tomavam as decisões não só pareciam ignorar todos os conhecidíssimos fatos sobre a revolução chinesa e a richa de dez anos entre Moscou e Pequim que a precedeu, mas também "nenhum figurão sabia ou considerava importante que os vietnamitas lutavam contra invasores estrangeiros havia quase 2000 anos"[63], ou que a noção de Vietnã como uma "pequena e atrasada nação" sem interesse para nações "civilizadas", que muitas vezes é, infelizmente, partilhada pelos críticos da guerra, está em flagrante desacordo com a cultura da região, antiquíssima e altamente desenvolvida. O que falta ao Vietnã não é "cultura", mas importância estratégica (a Indochina "não tem objetivos militares decisivos", como dizia um memorando da Junta de Comando do Estado Maior em 1954)[64], terreno adequado para modernos exércitos mecanizados e alvos compensadores para a força aérea. O que causou a desastrosa derrota da intervenção armada e da política norte-americana não foi, na verdade, o atoleiro ("a política de 'mais um degrau' — cada novo degrau prometendo o sucesso que o *degrau anterior* também *prometera* e deixara inexplicavelmente de cumprir", como disse Arthur Schlesinger Jr. citado por Daniel Ellsberg, que corretamente denunciou a idéia como sendo um "mito")[65], mas o menosprezo teimoso e deliberado de todos os fatos históricos, políticos e geográficos, durante mais de vinte e cinco anos.

4

Se o modelo do atoleiro é um mito e se não existem grandes estratagemas imperialistas nem desejos de conquista do mundo, sem falar em interesses de ganhos territoriais, desejo de lucro, ou menos ainda, preocupação pela segurança nacional; se, além disso, o leitor

---

(63) BARNET, na *op. cit.* de STAVINS, BARNET e RASKIN, p. 246.
(64) *Os Documentos do Pentágono*, p. 2.
(65) ELLSBERG, *op. cit.*, p. 219.

não pretende se satisfazer com idéias tão vagas quanto "tragédia grega" (proposta por Max Frankel e Leslie H. Gelb) e lendas de golpes traiçoeiros, sempre tão caras para os fomentadores de guerras na derrota, então a pergunta feita recentemente por Ellsberg: "Como ousaram?"[66] se tornará a questão central nesta sombria história, ao invés do embuste e da mentira em si. A verdade, no fim das contas, é que os Estados Unidos eram o país mais rico e a potência dominante após o término da Segunda Guerra Mundial e hoje, apenas um quarto de século depois, torna-se a metáfora do Sr. Nixon do "gigante deplorável e desamparado" uma descrição desagradavelmente apropriada para o "mais poderoso país da Terra".

Incapaz de derrotar, com uma "potência de fogo 1000 vezes superior"[67], uma pequena nação em seis anos de guerra aberta; incapaz de cuidar de seus problemas domésticos e deter o rápido declínio de suas grandes cidades; tendo desperdiçado seus recursos a tal ponto que a inflação e a desvalorização monetária ameaçam seu comércio internacional e seu padrão de vida doméstico, o país está em perigo de perder muito mais do que sua pretensão à liderança mundial. Mesmo antecipando-se o julgamento dos futuros historiadores que verão tal evolução no contexto da história do século vinte, em que as nações derrotadas em duas guerras mundiais manobraram para voltar ao cume em concorrência aos vencedores (em grande parte por que foram compelidas pelos vencedores a se livrarem por um período relativamente longo do incrível desperdício com armamentos e despesas militares), fica difícil conformar-se com tanto esforço desperdiçado para demonstrar a impotência da grandeza — ainda que se bendiga este ressurgimento inesperado e em grande escala do triunfo de David sobre Golias.

A primeira explicação que vem à mente para responder à pergunta "Como ousaram?" é própria para indicar a interligação entre embuste e auto-embuste. Na contenda entre as declarações públicas, sempre superotimistas, e os relatórios verídicos da comunidade da inteligência, persistentemente sombrios e agourentos, as declarações públicas tinham mais chance de ganhar

(66) *Ibidem*, p. 235.
(67) BARNET, na *op. cit.* de STAVINS, BARNET e RASKIN, p. 248.

simplesmente porque eram públicas. A grande vantagem das proposições estabelecidas e aceitas publicamente em relação ao que quer que o indivíduo possa secretamente saber ou acreditar que seja a verdade é nitidamente ilustrada por uma anedota medieval pela qual uma sentinela, encarregada de observar a aproximação do inimigo e alertar a cidade, por brincadeira fez soar um falso alarme — e foi, então, o último a se precipitar para as muralhas para defender a cidade contra seus inimigos imaginários. Disto pode-se concluir que quanto mais bem sucedido seja o mentiroso, quanto mais gente tenha convencido, mais provável é que acabe por acreditar em suas próprias mentiras.

N'*Os Documentos do Pentágono* nos defrontamos com pessoas que fizeram o possível para ganhar a mente do povo, ou seja, manipulá-lo; mas como trabalharam num país livre onde todas as espécies de informação são encontráveis, nunca tiveram real sucesso. Em conseqüência de seus cargos relativamente altos e suas posições no governo, estavam melhor protegidos — apesar do conhecimento privilegiado que tinham de "altos segredos" — contra tal informação pública, que também contava mais ou menos a verdade dos fatos, do que aqueles a quem tentavam convencer e de quem costumavam pensar em termos simplesmente de platéias, "maiorias silenciosas", que deveriam assistir às produções dos argumentistas. O fato de não terem *Os Documentos do Pentágono* revelado quaisquer novidades espetaculares comprova o fracasso dos mentirosos em criar uma platéia convencida à qual eles pudessem se juntar.

Contudo, a existência daquilo que Ellsberg chamou de processo de "auto-embuste interno"[68]; é fora de dúvida, mas é como se o processo normal de auto-enganar-se estivesse invertido; não é mais como se o embuste terminasse em auto-embuste. Os impostores começavam com o auto-embuste. Provavelmente em vista de seus altos cargos e impressionante auto-segurança, estivessem tão convencidos de sucesso irresistível, não no campo de batalha mas na arena das relações públicas, e tão certos da firmeza de suas premissas psicológicas sobre as possibilidades ilimitadas da manipulação das

(68) *Op. cit.* p. 263.

pessoas, que *anteciparam* uma crença e vitória gerais na batalha pelas mentes das pessoas. E como eles, de qualquer modo, viviam num mundo desfatualizado, não foi difícil dar tão pouca atenção ao fato de que a platéia se recusava a ser convencida quanto a outros fatos.

O mundo interno do governo com sua burocracia de um lado, e sua vida social de outro, fizeram o auto-embuste relativamente fácil. Jamais uma torre de marfim de eruditos preparou melhor as mentes para ignorar fatos da vida do que o fizeram os diversos centros de assessoramento para os resolvedores de problemas, e a reputação da Casa Branca para os assessores do presidente. Foi nesta atmosfera, em que a derrota era menos temida do que ter que admiti-la, que as dúbias declarações sobre o desastre da ofensiva do Tet e a invasão do Camboja foram preparadas. Mas o mais importante é que a verdade sobre assuntos tão decisivos pode ser tranquilamente encoberta nestes círculos internos — mas em nenhum outro lugar — por preocupações sobre como evitar tornar-se "o primeiro presidente americano a perder uma guerra" e pela sempre presente preocupação com a próxima eleição.

No que diz respeito ao solucionamento de problemas, ao contrário do manejo das relações públicas, o auto-embuste e mesmo o "auto-embuste interno", não são respostas satisfatórias para a pergunta "como ousaram?" O auto-embuste pressupõe uma distinção entre verdade e falsidade, entre fato e fantasia, e consequentemente pressupõe um conflito entre o mundo real e o impostor auto-enganado que some num mundo inteiramente desfatualizado; Washington e sua preguiçosa burocracia governamental e os diversos centros de assessoramento do país, proporcionam aos resolvedores de problemas um *habitat* natural para o corpo e o espírito. No domínio da política, onde o sigilo e o embuste deliberado sempre tiveram um papel importante, o auto-embuste é o perigo por excelência; o impostor auto-enganado perde todo o contato, não somente com sua platéia, mas também com o mundo real, que continuará importunando-o, pois ele pode tirar sua mente dele, mas não pode tirar seu corpo. Os resolvedores de problemas, que conheciam os fatos regularmente apresentados a eles pelos relatórios das comunidades da inteligência, só tinham que se fiar em suas técnicas diver-

39

sas, isto é, nos vários modos de traduzir qualidade e conteúdo em quantidade e números com os quais calcular resultados — que então, inexplicavelmente, nunca se tornavam realidade — para eliminar, dia após dia o que sabiam ser real. A razão pela qual isto pode funcionar durante tantos anos é exatamente que "os objetivos procurados pelo governo dos Estados Unidos eram quase que exclusivamente psicológicos"[69], ou seja, questões da mente.

Lendo-se os memorandos, as opções, os *scripts*, o modo como são imputadas porcentagens aos riscos e lucros potenciais de ações tencionadas — "muito risco para pouco lucro"[70] — algumas vezes se tem a impressão de que foi um computador e não "tomadores de decisões" que foram soltos no sudeste asiático. Os resolvedores de problemas não *julgavam*; eles calculavam. Sua autoconfiança não precisava sequer de auto-embuste para se sustentar no meio de tantos juízos mal feitos, pois se fiava tão somente na evidência da verdade matemática, puramente racional. Exceto, é claro, que esta "verdade" era inteiramente irrelevante em relação ao "problema" em questão. Se, por exemplo, pode ser calculado que o resultado de uma certa ação é "menos provável que seja uma guerra geral do que mais provável"[71], não decorre daí que a vamos eleger mesmo que a proporção seja de oitenta para vinte, por causa da enormidade do risco e sua *qualidade incalculável;* e o mesmo é verdade quando a disparidade entre a reforma do governo de Saigon *versus* a "possibilidade de que acabemos como os franceses em 1954", é de 70% para 30%[72]. Esta é uma boa perspectiva para um jogador, não para um estadista[73], e mesmo o jogador deveria ser mais esperto e levar em conta o que o ganho ou a perda realmente representariam para ele no dia a dia. A perda pode significar ruína completa e o ganho nada mais que alguma melhora benvinda mas não essencial nas suas finanças. Só quando nada real está em jogo para o jogador — um pouco

(69) BARNET, na *op. cit.* de STAVINS, BARNET e RASKIN, p. 209.
(70) *Os Documentos do Pentágono*, p. 576.
(71) *Ibidem* p. 575.
(72) *Ibidem*, p. 98.
(73) LESLIE H. GELB sugere com toda a seriedade que a mentalidade de "nossos líderes" foi formada "por suas próprias carreiras, que sempre foram uma série de jogadas arriscadas bem sucedidas, esperando eles poderem repetir isto no Vietnã", *Life, op. cit.*

mais ou menos de dinheiro não fará diferença no seu padrão de vida — ele pode se fiar com segurança no jogo das porcentagens. O problema com a nossa conduta da guerra no Vietnã do Sul é que nunca existiu tal controle, dado pela própria realidade, nem nas mentes dos que tomavam as decisões nem nas mentes dos resolvedores de problemas.

É bem verdade que a política norte-americana não procurava qualquer meta real, boa ou má, que pudesse controlar ou limitar a fantasia pura; "Nem vantagens econômicas nem territoriais têm sido procuradas no Vietnã. Toda a finalidade da enorme e custosa ação tem sido a de criar um estado de espírito específico"[74]. E a razão por que se usavam estes meios tão excessivamente caros, caros em vidas humanas e em recursos materiais, para fins políticos irrelevantes, deve ser imputada não somente à desafortunada superabundância deste país, mas à sua incapacidade em compreender que mesmo uma grande potência é uma potência *limitada*. Por detrás do clichê sempre repetido da "mais poderosa potência da Terra", oculta-se o perigoso mito da onipotência.

Assim como foi Eisenhower o último presidente a saber que tinha que solicitar "autorização do Congresso para colocar tropas americanas na Indochina", sua administração também foi a última a estar ciente de que "a designação de mais do que forças armadas simbólicas para a região seria uma divisão séria das *limitadas* possibilidades americanas" (o grifo é nosso)[75]. Apesar de todos os cálculos posteriores de "custos, compensações e riscos" de certos atos, os calculadores continuavam totalmente alheios a qualquer limitação absoluta, não-psicológica. Os limites que percebiam eram os das mentes das pessoas, quantas perdas de vida norte-americanas poderiam suportar, quais não deveriam ser muito maiores, por exemplo, que as perdas em acidentes de trânsito. Mas aparentemente nunca lhes ocorreu que há limites para os recursos que mesmo este país pode desperdiçar sem falir.

Esta fatal associação da "arrogância do poder" — a busca de uma mera imagem de onipotência, sem nada a ver com uma aspiração de conquista do mundo, a ser

---

(74) BARNET, na *op. cit.* de STAVINS, BARNET e RASKIN, p. 209.
(75) *Os Documentos do Pentágono*. pp. 5, 13.

conseguida através de recursos ilimitados não existentes — com a arrogância da mente, uma confiança totalmente irracional na calculabilidade da realidade, se torna o *leitmotif* dos processos de tomada de decisões no começo da escalada em 1964. Isto, no entanto, não quer dizer que os rigorosos métodos de desfatualização dos resolvedores de problemas estejam na raiz desta implacável marcha para a autodestruição.

Os resolvedores de problemas, que desperdiçaram suas mentes por confiar no poder de cálculo de seus cérebros e não na capacidade da mente para a experiência e sua habilidade para aprender com ela, foram antecipados pelos ideólogos do período da guerra fria. O anticomunismo — não a velha e quase sempre predisposta hostilidade norte-americana contra o socialismo e o comunismo, tão forte na década de 20 e sustentáculo do Partido Republicano durante a administração Roosevelt, mas a compreensiva ideologia do pós-guerra — foi originalmente uma criação de ex-comunistas que precisavam de uma nova ideologia pela qual explicar e vaticinar com segurança o curso da história. Esta ideologia estava na raiz de todas as "teorias" em Washington desde o final da Segunda Guerra Mundial. Já mencionei até que ponto a pura ignorância dos fatos pertinentes e a deliberada negligência dos desenvolvimentos do pós-guerra tornaram-se as marcas registradas da doutrina estabelecida dentro do *establishment*. Eles não precisavam de qualquer fato ou informação; tinham uma "teoria" e todos os dados que não se ajustavam eram negados ou ignorados.

Os métodos da geração mais velha — os métodos do Sr. Rusk em oposição aos do Sr. McNamara — eram menos complicados, menos cerebais, de certo modo, que os dos resolvedores de problemas, mas não menos eficientes em proteger o homem do impacto da realidade e em arruinar a capacidade da mente para o julgamento e para o aprendizado. Estes homens se orgulhavam de terem aprendido com o passado — com o domínio de Stalin sobre todos os partidos comunistas, donde a idéia de "comunismo monolítico", e com o desencadeamento da Segunda Guerra Mundial por Hitler depois de Munique, de onde eles concluíram que qualquer gesto de reconciliação seria um "segundo Munique". Eram incapazes de enfrentar a realidade em seus próprios termos pois sempre tinham alguma analogia na cabeça que os "ajudava" a compreender estes termos. Quando Johnson, ainda na qualidade de vice-presidente de Kennedy, voltou de um giro de inspeção pelo Vietnã do Sul e alegremente contou que Diem era o "Churchill da Ásia", poder-se-ia pensar que o jogo das analogias morreria por ser puramente absurdo, mas não era assim. E não se pode dizer que os críticos da guerra da ala esquerda pensavam em outros termos. Os extremistas tinham a infeliz mania de denunciar como "fascista" ou "nazista", muitas vezes com razão, tudo que lhes desagradava, e chamar todo massacre de genocídio, que obviamente não era; isto só podia ajudar a produzir uma mentalidade inclinada a desculpar o massacre e outros crimes de guerra enquanto não fossem genocídio.

Os resolvedores de problemas eram reconhecidamente isentos dos pecados dos ideólogos; eles acreditavam em métodos, mas não em "visões do mundo", razão pela qual, incidentalmente, se pôde confiar neles para "compilar os registros documentados do Pentágono sobre o envolvimento norte-americano"[76] de tal modo que fosse tanto "enciclopédico quanto objetivo"[77]. Mas embora não acreditassem em tais bases racionais geralmente aceitas para políticas como a teoria dominó, estas bases, com seus diferentes métodos de desfatualização, proporcionavam a atmosfera e o plano de fundo contra os quais foram então trabalhar os resolvedores de problemas; afinal, eles tinham que convencer frios guerreiros cujas mentes se mostraram singularmente bem preparadas para os abstratos jogos que eles tinham a oferecer.

O modo como procediam os frios guerreiros quando abandonados a si mesmos é muito bem ilustrado por uma das "teorias" de Walt Rostow, o "intelectual dominante" da administração Johnson. Foi a "teoria" de Rostow que se tornou uma das principais bases racionais para a decisão de bombardear o Vietnã do Norte, contra a advertência dos "então prestigiados analistas de sistemas de McNamara no Departamento de Defesa". Sua teoria aparentemente se fiava no modo de pensar de Bernard Fall, um dos mais agudos observadores e mais bem informados críticos de guerra, que su-

(76) *Ibidem*, p. XX.
(7)) *Ibidem*, p. XVIII.

geriu que "Ho Chi Minh *poderia* abandonar a guerra no Sul, se algumas de suas novas instalações industriais fossem transformadas em alvo"[78] (o grifo é nosso). Era uma hipótese, uma possibilidade real, que tinha que ser confirmada ou refutada. Mas a observação teve a má sorte de se adaptar perfeitamente às teorias de Rostow sobre a guerra de guerrilhas, e assim foi transformada num "fato": o Presidente Ho Chi Minh "tem um complexo industrial a proteger; já não é mais um guerrilheiro sem nada a perder"[79]. Isto parece em retrospecto, no modo de ver do analista, um "colossal erro de julgamento"[80]. Mas o fato é que tal "erro de julgamento" se tornou "colossal" simplesmente porque ninguém quis corrigi-lo a tempo. Bem cedo percebeu-se que o país não era bastante industrializado para sofrer com ataques aéreos numa guerra *limitada* cujo objetivo, que mudava através dos anos, nunca fora a destruição do inimigo, mas caracteristicamente, "dobrar sua vontade"; e a vontade do governo de Hanói, possuíssem ou não os norte-vietnamitas o que Rostow chamava de necessário talento de guerrilheiros, recusou-se a ser "dobrada".

Certamente, esta falha em diferenciar uma hipótese plausível do fato que deve confirmá-la, ou seja, o manejo de hipóteses e simples "teorias" como se fossem fatos estabelecidos, (o que se tornou endêmico nas ciências sociais e psicológicas durante o período em questão), carece do rigor dos métodos usados pelos teóricos lúdicos e analistas de sistemas. Mas a origem de ambos — ou seja, a incapacidade ou má vontade em consultar a experiência e aprender com a realidade — é a mesma.

Isto nos trás à raiz da questão que deve conter pelo menos parcialmente a resposta à pergunta: Como ousaram, não somente iniciar tal política, mas levá-la a um fim tão amargo e absurdo? A desfatualização e as resoluções de problemas foram bem-vindos porque o menosprezo pela realidade era inerente às próprias políticas e objetivos. O que eles precisavam saber da Indochina, nestas circunstâncias reais, quando ela não passava de um "teste" ou um dominó, ou um modo de

---

(78) BARNET, na *op. cit.* de STAVINS, BARNET e RASKIN, p. 212.
(79) *Os Documentos do Pentágono.* p. 241.
(80) *Ibidem*, p. 469.

"conter a China" ou provar que *somos* a mais poderosa entre as superpotências? Ou tomemos o caso do bombardeamento do Vietnã do Norte com o fim ulterior de levantar o moral no Vietnã do Sul[81], sem muita intenção de vencer com uma rápida vitória e terminar a guerra. Como poderiam estar interessados em algo tão real como a vitória quando mantinham a guerra em andamento não para proveitos territoriais ou vantagens econômicas, e menos ainda para ajudar um amigo ou manter compromissos, e nem mesmo pela realidade (não a imagem) do poder?

Quando foi alcançado este estágio do jogo, a premissa inicial de que não nos deveríamos importar com a região ou com o país em si — inerente à teoria dominó — mudou para "o inimigo não importa". E isto no meio de uma guerra! O resultado foi que o inimigo, pobre, maltratado e sofredor, tornou-se forte, enquanto "o mais poderoso país" ficava mais fraco a cada ano. Há historiadores hoje que sustentam que Truman jogou a bomba em Hiroshima para afugentar os russos da Europa Oriental (com o resultado que conhecemos). Se isto é verdade, como bem pode ser, então podemos reputar o início do menosprezo pelas conseqüências reais de ações em favor de metas ulteriores calculadas, ao fatídico crime de guerra que encerrou a última guerra mundial. A doutrina Truman, de qualquer modo, "retratava um mundo cheio de dominós", como assinalou Leslie H. Gelb.

5

No começo destas análises tentei sugerir que os aspectos que escolhi d'*Os Documentos do Pentágono*: embuste, auto-embuste, construção de imagem, ideologismo e desfatualização não são de modo algum os únicos aspectos dos documentos que merecem ser estudados e aprendidos. Há ainda, por exemplo, os seguintes fatos: tal esforço maciço e sistemático na introspecção foi encomendado por um dos principais protagonistas; foram encontrados trinta e seis homens para compilar

(81) *Ibidem*, p. 312.

estes documentos e escrever suas análises, poucos dos quais "ajudaram a desenvolver ou a levar a cabo a política que deveriam avaliar"[82]; um dos autores, quando ficou claro que ninguém no governo estava disposto a usar ou mesmo ler os resultados, voltou-se para o público e entregou-os à imprensa; e por fim, o fato de que os mais respeitáveis jornais do país ousaram trazer ao mais amplo conhecimento possível, um material sobrescrito como "altamente secreto". Foi dito corretamente por Neil Sheehan que a decisão de Robert McNamara de descobrir o que tinha saído errado e por quê, "pode vir a ser uma das mais importantes decisões de seus sete anos no Pentágono"[83]. Ela certamente restaurou, pelo menos por alguns instantes, a reputação deste país no mundo. O que aconteceu dificilmente poderia ter acontecido em algum outro lugar. É como se toda esta gente envolvida numa guerra injusta e diretamente comprometida com ela, de repente lembrasse o quanto deviam ao "decente respeito de seus ancestrais pelas opiniões da humanidade".

O que clama por um estudo posterior profundo e detalhado é o fato, muito comentado, de que *Os Documentos do Pentágono* revelaram muito poucas novidades significativas que não estivessem disponíveis para o leitor médio de diários e semanários; e também não existem argumentos, pró ou contra, na "História do processo de tomada de decisão em política vietnamita" que não tenha sido debatido durante anos em revistas, *shows* de televisão e transmissões radiofônicas. (Afora as posições pessoais e alterações nelas, a única questão, em geral desconhecida, era a divergência de pareceres em assuntos básicos na comunidade da inteligência.) A integridade e o poder da imprensa são confirmados mais vigorosamente pelo fato de que o público teve acesso durante anos a material que o governo tentou em vão ocultar, do que pelo modo como o *Times* rompeu a história. O que sempre foi sugerido agora foi demonstrado: na medida em que a imprensa é livre e idônea, ela tem uma função enormemente importante a cumprir e pode perfeitamente ser chamada de quarto poder do governo. Se a Primeira Emenda será suficien-

(82) *Ibidem*, p. XVIII.
(83) *Ibidem*, p. IX.

te para proteger a mais essencial liberdade política, o direito à informação não-manipulada dos fatos, sem a qual a liberdade de opinião não passa de uma farsa cruel, é uma outra questão.

Por fim, há uma lição a ser aprendida para os que, como eu, acreditavam que este país tinha se envolvido numa política imperialista; tinha esquecido completamente seus antigos sentimentos aticolonialistas e talvez estivesse conseguindo estabelecer a *Pax Americana* que o Presidente Kennedy tinha denunciado. Quaisquer que fossem os méritos destas suspeitas, poderiam ser justificadas pela nossa política latino-americana; se pequenas guerras não-declaradas — operações relâmpago de agressão em terras estrangeiras — estão entre os meios necessários para se alcançar fins imperialistas, os Estados Unidos estão menos aptos a empregá-las com sucesso do que qualquer outra grande potência. Pois se a desmoralização das tropas americanas atinge agora níveis sem precedentes — segundo o *Der Spiegel*: 89 088 desertores, 100 000 objetores morais e dezenas de milhares de viciados em drogas, no ano passado[84] — o processo de desintegração do exército já tinha começado muito antes e fora precedido de evoluções semelhantes durante a guerra da Coréia[85]. Tudo que se tem a fazer é conversar com alguns veteranos desta guerra — ou ler o sóbrio e convincente relatório de Daniel Lang no *The New Yorker*[86] sobre a evolução de um caso bem semelhante — para compreender que, para este país levar uma política aventureira e agressiva ao sucesso, teria que haver uma mudança decisiva no "caráter nacional" do povo norte-americano. O mesmo poderia ser concluído, é claro, a partir da oposição extraordinariamente forte, altamente qualificada e bem organizada que de tempos em tempos surge aqui. Os norte-vietnamitas, que observaram estas evoluções durante anos, nelas têm depositado suas esperanças e parece que estavam certos em suas avaliações.

Não há dúvida de que tudo isto pode mudar. Mas uma coisa ficou clara nos últimos meses: as tíbias tentativas do governo de cercear as garantias constitucio-

---

(84) *Der Spiegel*, n.º 35, 1971.
(85) EUGENE KINKEAD. Reporter at Large. *The New Yorker*, 26 de outubro de 1957.
(86) *The New Yorker*, 4 de setembro de 1971.

nais e intimidar os que resolveram não ser intimidados, que preferem ir para a cadeia a verem suas liberdades amordaçadas, não são suficientes, e provavelmente não serão suficientes para destruir a República. Há razão para esperar, como o veterano Sr. Lang — um dos dois milhões e meio da nação — "que o país pode recuperar seus melhores aspectos como resultado da guerra. 'Sei que isso não inspira dúvidas', disse, 'mas também não há outra coisa que eu consiga imaginar' "[87].

(87) *Ibidem*.

DESOBEDIÊNCIA CIVIL

Na primavera de 1970, a Associação do Foro da Cidade de New York celebrou seu centenário com um simpósio sobre a sombria questão: "A lei estará morta"? Seria interessante saber o que inspirou precisamente este grito de desespero. Teria sido o desastroso aumento de crimes nas ruas, ou a percepção mais ambiciosa de que "a enormidade do mal expresso em modernas tiranias minou toda fé sincera na importância básica da fidelidade à lei", além da "ampla evidência de que campanhas habilmente organizadas de desobediência civil podem ser muito eficazes na obtenção de mudanças desejadas na lei"?[1] De qualquer modo, os

---

(1) Ver Civil Disobedience and the Political Question Doctrine, de GRAHAM HUGHES, em *New York University Law Review*, 43:2 (março de 1968).

tópicos sobre os quais Eugene V. Rostow solicitou aos participantes que preparassem suas notas, claramente encorajaram um panorama algo mais brilhante. Um deles propôs uma discussão sobre "a relação da moral do cidadão com a lei, numa sociedade de consentimento", e as observações que se seguem são decorrentes disto. A literatura sobre o assunto repousa em grande parte sobre dois famosos encarcerados: — Sócrates em Atenas e Thoreau em Concord. A conduta deles é a alegria dos juristas porque aparentemente prova que a desobediência à lei só pode ser justificada se o transgressor estiver disposto ou mesmo ansioso a aceitar a punição por seu ato. Poucos não concordariam com a posição do Senador Philip A. Hart: "Qualquer tolerância que eu possa sentir para com o contestador depende de sua boa vontade em aceitar qualquer punição que a lei venha a impor"[2]. Este argumento marca um retrocesso no modo popular de entendimentos, talvez mal entendimento, de Sócrates, mas sua grande aceitação neste país parece grandemente fortalecida por "um dos mais sérios despropósitos da nossa legislação (pelo qual um indivíduo) é encorajado ou mesmo compelido a estabelecer um direito legal significativo através de um ato pessoal de desobediência civil"[3]. Tal despropósito originou um estranho e, como veremos, não totalmente feliz casamento teórico da moralidade com a legalidade, da consciência com a lei do país.

Como "o nosso duplo sistema de leis possibilita que a lei estadual seja incompatível com a lei federal"[4],

---

(2) *To Establish Justice, to Insure Domestic Tranquility*, relatório final da Comissão Nacional para as Causas e Prevenção da Violência, dezembro de 1969, p. 108. Para a utilização de Sócrates e Thoreau nestes debates ver também The Consent of the Governed, de EUGENE V. ROSTOW em *The Virginia Quarterly*, outono de 1968.

(3) LEVI, Edward H. The Crisis in the Nature of Law. In: *Ata da Associação do Foro da Cidade de Nova York*, março de 1970. O Sr. Rostow, ao contrário, sustenta que "é um erro comum imaginar tais violações da lei como atos de desobediência à lei" (*op. cit.*), e WILSON CAREY MCWILLIAMS num dos mais interessantes ensaios sobre o assunto — "Civil Disobedience and Contemporary Constitutionalism". In: *Comparative Politics*. v. I, 1969 — parece concordar implicitamente. Realçando que as "tarefas da corte dependem em parte da ação do público", ele conclui: "A corte age, na verdade, para autorizar a desobediência a outra autoridade legítima, e depende dos cidadãos que tirarão vantagem de suas autorizações" (p. 216). Não consigo ver de que forma isto pode remediar o "despropósito" do Sr. Levi; o cidadão transgressor que deseja persuadir as cortes a opinarem sobre a constitucionalidade de algum estatuto precisa estar disposto a pagar o preço pelo ato, como qualquer outro transgressor, tanto enquanto a corte decide a causa como no caso dela decidir contra ele.

(4) PUNER, Nicholas W. Civil Disobedience: an Analysis and Rationale. *New York University Law Review*, 43:714 (outubro de 1968).

o movimento pelos direitos civis nos seus primeiros estágios, embora, conflitasse abertamente com as leis e regulamentos sulistas, podia realmente ser interpretado como se simplesmente tivesse "apelado, no nosso sistema federalista, por sobre a lei e autoridade do estado, para a lei e autoridade da nação"; não havia, dizem — não obstante cem anos de não-imposição — "a menor dúvida de que as disposições (estaduais) eram invalidadas pela lei federal" e o "desprezo à lei estava sempre com o outro lado"[5]. À primeira vista parecem consideráveis os méritos desta interpretação. A grande dificuldade dos juristas em explicar a compatibilidade da desobediência civil com o sistema legal do país, uma vez que "a lei não pode justificar a violação da lei"[6], parece engenhosamente resolvida pela dualidade da lei norte-americana e pela identificação de desobediência civil com violação da lei com o fim de testar sua constitucionalidade. Há ainda a vantagem adicional, se é que é uma vantagem, de que em conseqüência de seu duplo sistema, a lei norte-americana, em contraposição a outros sistemas legais, descobriu um lugar visível, não-fictício, para a chamada "mais alta lei", à qual a "jurisprudência ainda se apega, de uma maneira ou de outra"[7].

Seria necessário uma grande dose de ingenuidade para defender esta doutrina no campo teórico: a condição do homem que testa a legitimidade de uma lei violando-a é "apenas perifericamente, se tanto, a condição de contestador civil"[8]; e o contestador que apela para uma "mais alta lei" por agir com grande convicção moral, estranhará quando tiver que reconhecer que inúmeras decisões da Corte Suprema através dos séculos foram inspiradas nesta lei acima de todas as leis cuja principal característica é a imutabilidade. Ao nível dos fatos, contudo, a doutrina foi refutada quando os adeptos do movimento pelos direitos civis suavemente evoluíram para resistentes do movimento antibélico que claramente desobedeciam à lei federal, e esta refutação tornou-se definitiva quando a Corte Suprema se recusou

---

(5) BLACK, Charles L. The Problem of the Compatibility of Civil Disobedience with American Institutions of Government. *Texas Law Review*, 43:496 (março de 1965).
(6) Ver o número especial da *Rutgers Law Review* (v. 21, outono de 1966) sobre Civil Desobedience and tre Law, CARL COHN, p. 8.
(7) *Ibid.*, HARROP A., FREEMAN p. 25.
(8) Ver GRAHAM, Hughes, *op. cit.*, p. 4.

a deliberar sobre a legalidade da guerra do Vietnã por causa da "doutrina da questão política", ou seja, exatamente pela mesma razão pela qual leis anticonstitucionais foram toleradas durante tanto tempo sem qualquer empecilho.

Entrementes o número de contestadores civis, ou potencialmente contestadores — aqueles que voluntariamente participam de manifestações em Washington — tem crescido sensivelmente, e com ele a tendência do governo em tratar os manifestantes ou como criminosos comuns ou então exigir deles a suprema prova de "auto-sacrifício": o contestador que violasse lei válida deveria "bendizer seu castigo". (Harrop A. Freeman assinalou corretamente o absurdo desta exigência do ponto de vista do advogado: "Nenhum advogado diz no tribunal, 'Meritíssimo, este homem deseja ser punido'"[9].) A insistência nesta infeliz e inadequada alternativa só é natural talvez "num período tumultuado", quando "a distinção entre tais atos (o indivíduo que viola a lei para testar sua constitucionalidade) e violência comum se torna muito mais frágil", e quando não as leis locais, mas "o poder legislativo nacional" está sendo desafiado[10].

Quaisquer que sejam as causas reais do período de tumulto — que são, é claro, fatuais e políticas — a atual confusão, polarização e o crescente amargor de nossos debates, tem por causa também o fracasso teórico em se compreender e chegar a um acordo com o verdadeiro caráter do fenômeno. Sempre que os juristas procuram justificar a desobediência civil em termos de moral e legalidade, interpretam sua causa à imagem ou do objetor de consciência* ou do homem que testa a constitucionalidade de um estatuto. O problema é que a condição de contestador civil não tem qualquer analogia com nenhum dos casos, pela simples razão que ele nunca existe como um único indivíduo; ele

(9) *Rutgers Law Review, op. cit.,* p. 26, onde Freeman argumenta contra a opinião de Carl Cohen: "Em conseqüência de agir o contestador civil dentro de uma estrutura de leis cuja legitimidade ele aceita, esta punição legal é mais que uma possível conseqüência de seu ato — é sua culminância natural e adequada. (...) Deste modo ele demonstra sua boa vontade em até mesmo sacrificar-se a si mesmo em nome de sua causa" (*Ibidem,* p. 6).

(10) Ver EDWARD H. LEVI, *op. cit.* e NICHOLAS W. PUNER, *op. cit.,* p. 702.

(*) *Conscientious objector*: aquele que faz objeção de consciência, recusando-se, por exemplo, a participar da guerra, por motivos morais ou religiosos. (N. do T.)

só pode funcionar e sobreviver como membro de um grupo. Raramente isto é admitido, e mesmo nestes raros exemplos só é mencionado de passagem; "é improvável que desobediência civil praticada por um único elemento tenha algum efeito. Ele será encarado como um excêntrico mais interessante de observar do que de suprimir. Deste modo, a desobediência civil significativa será praticada por um certo número de pessoas com identidade de interesses"[11]. Mesmo uma das características principais do ato em si — já notável no caso dos *Freedom Riders* — a assim chamada "desobediência indireta" — onde o contestador viola leis (por exemplo, regulamentos de trânsito) sem as achar passíveis de objeção em si, mas para protestar contra regulamentos injustos ou decretos e política do governo — pressupõe uma ação de grupo (imaginem um único indivíduo desrespeitando as leis de trânsito!) e foi corretamente chamada de desobediência "no sentido estrito"[12].

É precisamente esta "desobediência indireta", sem sentido no caso do objetor de consciência ou no do homem que viola uma lei específica para testar sua constitucionalidade, que parece ser injustificável legalmente. Assim, é necessário diferenciar os objetores de consciência dos contestadores civis. Estes últimos são na verdade minorias organizadas, delimitadas mais pela opinião comum do que por interesses comuns, e pela decisão de tomar posição contra a política do governo mesmo tendo razões para supor que ela é apoiada pela maioria; sua ação combinada brota de um compromisso mútuo, e é este compromisso que empresta crédito e convicção à sua opinião, não importando como a tenham originalmente atingido. Argumentos levantados em prol da consciência individual ou de atos individuais, ou seja, os imperativos morais e os apelos à "mais alta lei", seja ela secular ou transcendente[13], são ina-

---

(11) PUNER, Nicholas W. *Op. cit.* p. 714.
(12) COHEN, Marshall. Civil Disobedience in a Constitutional Democracy. *The Massachussetts Review*, 10:211-216, primavera de 1969.
(13) NORMAN COUSINS enunciou uma série de comparações em que o conceito de uma lei mais alta puramente secular funcionaria:
"Se há um conflito entre a segurança do estado soberano e a segurança da comunidade humana, a comunidade humana tem prioridade.
"Se há um conflito entre o bem-estar da nação e o bem-estar da humanidade, o bem-estar da humanidade tem prioridade.
"Se há um conflito entre as necessidades desta geração e as necessidades das gerações vindouras, as necessidades das gerações vindouras têm prioridade.
"Se há um conflito entre os direitos do estado e os direitos do

dequados quando aplicados à desobediência civil; neste nível será não somente "difícil", mas impossível "impedir a desobediência civil de ser uma filosofia subjetiva... intensa e exclusivamente pessoal, de modo que qualquer indivíduo, por qualquer razão, possa contestar"[14].

1

As imagens de Sócrates e Thoreau não aparecem somente na literatura sobre nosso assunto, mas também, e principalmente, nas mentes dos próprios contestadores civis. Para os que foram educados na tradição ocidental de consciência — e quem não o foi? — parece natural considerar seus acordos com outros como secundários em relação à decisão solitária *in foro conscientiae,* como se o que eles tivessem em comum com os outros não fosse absolutamente uma opinião ou um juízo, mas uma consciência comum. E como os argumentos usados para sustentar esta posição são quase sempre sugeridos por reminiscências mais ou menos vagas do que Sócrates e Thoreau diziam sobre "a relação da moral do cidadão com a lei", talvez seja melhor começar estas considerações com um breve exame daquilo que estes dois homens realmente tinham a dizer sobre o assunto.

Quanto a Sócrates, o texto decisivo é, sem dúvida, *Crito* de Platão, sendo os argumentos aí apresentados bem menos evidentes e certamente menos úteis para a pretensão de submissão prazerosa à punição do que insinuam os compêndios sobre leis e filosofia. Em primeiro lugar porque Sócrates, durante seu julgamento, nunca contestou as leis em si mesmas — mas sim aquele erro judicial específico, ao qual ele se referiu como o "acidente" (τυχη) que lhe tinha ocorrido. O seu infortúnio pessoal não lhe dava o direito de "romper seus contratos

---

homem, os direitos do homem têm prioridade. O estado só justifica sua existência enquanto serve e salvaguarda os direitos do homem.
"Se há um conflito entre o édito público e a consciência privada, a consciência privada tem prioridade.
"Se há um conflito entre a marcha tranqüila para a prosperidade e o gozo da paz, o gozo da paz tem prioridade." (*A Matter of Life*, 1963, pp. 83-84; citado em *Rutgers Law Review, op. cit.,* p. 26.)
Acho muito difícil ser convencida por este modo de ver a mais alta lei "em termos de princípios de prioridade", como Cousins vê em sua lista.
(14) PUNER, Nicholas W. *Op. cit.* p. 708.

e acordos" com as leis; sua desavença não era com as leis, mas com os juízes. Além disso, como Sócrates mostrou a Crito (que tentou persuadi-lo a fugir e exilar-se), na época do julgamento as próprias leis lhe tinham oferecido uma alternativa: "Naquele tempo poderias fazer com o consentimento do Estado o que agora tentas fazer sem. Tu te vangloriaste de estar preparado para morrer. Disseste que preferias a morte ao exílio" (52). Sabemos ainda da *Apologia,* que ele poderia ter optado por repudiar seu exame público das coisas, que sem dúvida gerava incerteza sobre as crenças e costumes estabelecidos, e outra vez ele tinha preferido a morte, pois "uma vida não-questionável não vale a pena ser vivida". Em outras palavras, Sócrates não teria honrado suas próprias palavras se tivesse tentado fugir; teria destruído tudo o que tinha feito durante o julgamento — teria "ratificado a opinião dos juízes e teria feito parecer que o veredicto deles era justo" (53). Ele se impôs a *si mesmo,* e aos cidadãos aos quais se expressava, ficar e morrer. "É o pagamento de uma dívida de honra, o pagamento de um cavalheiro que perdeu uma aposta e paga, porque de outra forma não poderia mais conviver consigo mesmo. Houve na verdade um contrato, e o conceito de contrato ocupa toda a segunda metade do *Crito,* mas... o contrato vinculante é... *o compromisso envolvido no julgamento"* (o grifo é nosso)[15].

O caso de Thoreau, embora muito menos dramático (ele passou uma noite na cadeia por se recusar a pagar impostos para um governo que permitia a escravidão, mas deixou que sua tia pagasse por ele na manhã seguinte), parece à primeira vista mais pertinente para nosso presente debate porque, ao contrário de Sócrates, ele protestou contra a injustiça das leis em si mesmas, O problema com este exemplo é que um "On the Duty of Civil Disobedience", o famoso ensaio nascido deste incidente e que tornou o termo "desobediência civil" parte de nosso vocabulário político, ele debate sua causa não no campo da moral do *cidadão* em relação à lei, mas no campo da consciência individual e do compromisso moral da consciência: "Não é dever do homem, naturalmente, devotar-se à erradicação de um erro, mesmo o

---

(15) Ver a excelente análise de N. A. GREENBERG, "Socrates' Choice in the *Crito*" (*Harvard Studies in Classical Philology,* v. 70, n. 1, 1965), que provou que o *Crito* só pode ser entendido quando lido em conjunto com a *Apologia.*

maior deles; ele ainda pode ter outros interesses oportunos em que se empenhar; mas pelo menos é seu dever não se comprometer com o erro, e não lhe dar apoio na prática no caso de não se importar com estas coisas". Thoreau não pretendia que o descomprometimento de um homem com o erro pudesse fazer o mundo melhor, ou que alguém tivesse qualquer obrigação de agir assim. O homem "não veio ao mundo com o fito principal de torná-lo um bom lugar para morar, mas para morar nele seja bom ou mau". Na verdade, é assim que todos chegamos ao mundo — é sorte se o mundo e a parte dele onde chegamos é um bom lugar para se viver na época da chegada ou pelo menos um lugar onde os erros cometidos não sejam "de tal ordem que nos obrigue a ser um instrumento de injustiça para alguém". Pois somente se for este o caso "então, eu digo, viole a lei". E Thoreau estava certo: a consciência individual não requer nada além[16].

Aqui, como em toda parte, a consciência é apolítica. Não está primordialmente interessada no mundo onde o erro é cometido ou nas conseqüências que este terá no curso futuro do mundo. Ela não diz como Jefferson, "Estremeço *por meu país* quando reflito que Deus é justo; que Sua justiça não pode dormir para sempre"[17], pois ela estremece pelo indivíduo em si e por sua integridade. Ela pode, no entanto, ser muito mais radical e dizer como Thoreau: "Este povo precisa deixar de possuir escravos e guerrear com o México *ainda que isto lhe custe a existência como um povo*" (o grifo é nosso), enquanto que para Lincoln o "objetivo supremo", mesmo na luta pela emancipação dos escravos, continuava sendo, como ele escreveu em 1862, "salvar a União e não... salvar ou destruir a escravidão"[18]. Isto não significa que Lincoln estivesse alheio "à monstruosa injustiça da escravidão em si", como a tinha chamado oito anos antes; significa que ele também estava ciente da diferença entre seu "dever oficial" e seu "desejo pessoal que todo homem, em qualquer parte, pudesse ser livre"[19]. E esta diferença, se

(16) Todas as citações são de "On the Duty of Civil Disobedience", (1849) de THOREAU.
(17) *Notes on the State of Virginia,* Quesito XVIII (1871-85).
(18) Em sua famosa carta a Horace Greeley, citada aqui do *The Dilemmas of Politics,* de HANS MORGENTHAU, Chicago, 1958, p. 80.
(19) Citado do *The American Political Tradition,* de RICHARD HOFSTADTER, Nova York, 1948, p. 110.

despojada das circunstâncias históricas sempre complexas e equívocas, é basicamente a mesma de Maquiavel quando disse, "Eu amo minha cidade natal mais que minha própria alma"[20]. A discrepância entre "dever oficial" e "desejo pessoal" no caso de Lincoln não indica uma carência de compromisso moral, assim como a discrepância entre cidade e alma não indica que Maquiavel era ateu e não acreditava em salvação e danação eternas.

Este conflito possível entre "o homem bom" e o "bom cidadão", entre o indivíduo em si com ou sem crença numa outra vida, e o membro da comunidade (segundo Aristóteles o homem bom só poderia ser um bom cidadão num estado digno; segundo Kant, mesmo uma "raça de demônios" poderia resolver satisfatoriamente o problema de estabelecer uma constituição "se forem ao menos inteligentes"), ou como diríamos hoje, entre moralidade e política, é muito antigo — mais antigo mesmo que a palavra "consciência" que na sua conotação atual é de origem relativamente recente. E quase tão velhas são as justificativas para a posição de ambos. Thoreau era suficientemente coerente para reconhecer e admitir que estava exposto ao assalto da irresponsabilidade, o mais velho assalto contra o "homem bom". Disse explicitamente que "não era responsável pelo bom funcionamento do mecanismo da sociedade", não era "o filho do engenheiro". O adágio *Fiat justicia et pereat mundus* (faça-se justiça mesmo que o mundo pereça), comumente invocado retoricamente contra os defensores da justiça absoluta, normalmente para justificar erros e crimes, expressa nitidamente a essência do dilema.

Contudo, a razão pela qual "ao nível da moralidade individual o problema da desobediência à lei é totalmente intratável"[21], é de outra ordem. As deliberações da consciência não são somente apolíticas; são sempre expressas de maneira puramente subjetiva. Quando Sócrates afirmou que "é melhor sofrer o erro que cometê-lo", ele claramente pretendeu dizer que era melhor *para ele,* assim como era melhor para ele "estar em desacordo com multidões do que, sendo um só, estar em desacordo consigo mesmo"[22]. Politicamente, ao contrário, o que conta é que um erro foi cometido; para a lei é irrele-

(20) *The Letters of Machiavelli,* editado por Allan Gilbert, Nova York, 1961, carta 225.
(21) *To establish justice...*, op. cit. p. 98.
(22) *Górgias,* 482 e 489.

vante quem resultou melhor com isso: o autor ou a vítima. Nossos códigos penais diferenciam entre crimes nos quais a acusação formal é obrigatória porque a comunidade como um todo foi atingida, e infrações nas quais somente autores e vítimas são envolvidos, que podem pretender ou não abrir processo. No primeiro caso o estado de espírito dos envolvidos é irrelevante, a não ser quando a premeditação é parte integrante do ato ou são levadas em conta circunstâncias atenuantes; não faz diferença se a vítima está inclinada a perdoar ou se o autor tem completa certeza de que não tornará a fazê-lo.

Em *Górgias* Sócrates não visa aos cidadãos como na *Apologia,* ou no *Crito,* o reforço da *Apologia*. Aqui Platão faz Sócrates falar como o filósofo que descobriu que o homem se comunica não somente com seus companheiros humanos, mas também consigo mesmo; e esta última forma de comunicação — meu ser comigo mesmo somente — prescreve certas regras para a forma anterior. São as regras da consciência, e são — como aquelas que Thoreau descreveu no seu ensaio — inteiramente negativas. Elas não dizem o que fazer, dizem o que não fazer. Elas não sugerem princípios para a ação, colocam demarcações que as ações não devem transpor. Elas dizem: Não procedas mal ou terás que viver para sempre junto a um malfeitor. Platão, nos últimos diálogos (o *Sofista* e o *Teeteto*), aperfeiçoou esta comunicação socrática do eu comigo mesmo e definiu o pensamento como sendo o diálogo silencioso do próprio eu; existencialmente falando, este diálogo, como todos os diálogos, requer que os parceiros sejam amigos. A validade das proposições socráticas depende da espécie de homem que as profere e da espécie de homem a quem é dirigida. São verdades evidentes por si para homens enquanto seres pensantes; para os que não pensam, os que não se comunicam consigo mesmos, elas não são evidentes por si nem podem ser provadas[23]. Estes homens — e eles são as "multidões" — só podem conseguir um adequado interesse acreditando neles mesmos,

---

(23) Isto fica bastante claro no segundo livro da *República*, onde os próprios discípulos de Sócrates "podem advogar a causa da injustiça com muita eloquência, sem serem eles mesmos convencidos" (357-367). Eles estão e permanecem convencidos de que a justiça é uma verdade evidente por si, mas os argumentos de Sócrates não são convincentes e mostram que com este tipo de raciocínio a causa da injustiça também pode ser "provada".

segundo Platão, num futuro mítico cheio de castigos e recompensas.

Assim, as regras da consciência dependem do interesse no eu. Elas dizem: Evite fazer coisas com as quais não poderás convivever. É o mesmo argumento que levou à "ênfase de Camus na necessidade de resistência à injustiça *pela própria saúde e bem-estar do indivíduo resistente*" (o grifo é nosso)[24]. O problema legal e político com tal justificativa é duplo. Primeiro, não pode ser generalizado; para conservar sua validade tem que ser sempre subjetivo. Uma coisa com a qual eu não possa conviver não pode molestar a consciência de outro homem. O resultado é que a consciência ficará contra a consciência. "Se a decisão de violar a lei depende realmente da consciência individual, é difícil saber pela lei se o Dr. King está em melhor situação que o Governador Ross Barnett do Mississipi, que também acreditava firmemente em sua causa e estava pronto a ir para a cadeia"[25]. O segundo problema, e talvez o mais sério, é que a consciência, quando definida em termos seculares, pressupõe não somente que o homem possui a inata faculdade de discernir o certo do errado, mas também que o homem está interessado em si mesmo, pois o compromisso surge tão somente deste interesse. E esta espécie de auto-interesse raramente pode ser corretamente considerada. Apesar de sabermos que o ser humano é capaz de pensar — de manter comunicação consigo mesmo — não sabemos quantos se entregam a esta desvantajosa empresa; tudo que podemos dizer é que o hábito de pensar, de refletir sobre o que se está fazendo, é independente do nível social, educacional ou intelectual do indivíduo. A este respeito, como em muitos outros, o "homem bom" e o "bom cidadão" não são de modo algum idênticos, e não somente no sentido aristotélico. Os homens bons se manifestam somente em emergências, quando de repente surgem como se vindos do nada, em qualquer camada social. O bom cidadão ao contrário, precisa ser notado; ele pode ser estudado com o resultado não muito confortador que mostra pertencer ele a uma pequena minoria: tende a ser instruído e pertencer às classes sociais mais altas[26].

(24) Citado em Civil Disobedience, de CHRISTIAN BAY, na *International Encyclopedia of the Social Sciences*, 1968. II, 486.
(25) *To Establish Justice...*, op. cit. p. 99.
(26) MCWILLIAMS, Wilson Carey. *Op. cit.* p. 223.

Toda esta questão de estar o peso da política nas decisões morais concordantes — decisões estas atingidas *in foro conscientiae* — tem sido bastante complicada pelas associações de idéias — primitivamente religiosas e mais tarde seculares — que a noção de consciência granjeou sob a influência da filosofia cristã. Do modo como usamos a palavra hoje, seja em assuntos morais ou legais, admite-se que a consciência esteja sempre presente em nós como se fosse idêntica à percepção. (É bem verdade que a linguagem levou bastante tempo para diferenciar as duas, e em algumas línguas — o francês por exemplo — a separação de consciência e percepção nunca foi feita.) A voz da consciência era a voz de Deus e anunciou a Lei Divina antes de se tornar a *lumen naturale* e informar o homem sobre a mais alta lei. Como voz de Deus, forneceu preceitos dogmáticos cujas validades jazem no mandamento "Amar a Deus sobre todas as coisas" — um mandamento que comprometia objetivamente sem ter qualquer relação com as instituições humanas, e que poderia ser voltado, como na Reforma, até mesmo contra o que alegavam ser a divinamente inspirada instituição da Igreja. Hoje em dia isto deve soar como "autotestemunho" que "beira a blasfêmia" — a presunçosa pretensão de se conhecer a vontade de Deus e ter certeza de sua eventual justificação[27]. Mas não soa assim para o que acredita num Deus criador que Se revelou a Si mesmo para a criatura que criou à Sua própria imagem. Mas a anárquica natureza das consciências divinamente inspiradas, tão ruidosamente manifesta nos primórdios do Cristianismo, não pode ser negada.

A lei, deste modo — um pouco tarde e não em todos os países — reconheceu os objetores de consciência religiosamente inspirados. Mas somente os reconheceu quando apelaram para uma Lei Divina que também era aceita por um grupo religioso reconhecido que não podia ser ignorado numa comunidade cristã. A profunda crise atual nas igrejas e o número crescente de objetores que não reivindicam qualquer relação com instituições religiosas, quer pretextem ou não consciências divinamente informadas, tem gerado, desta forma,

---

[27] Leslie Dunbar, conforme citação no On Civil Disobedience in Recent American Democratic Thought, de PAUL F. POWER, no *The American Political Science Review*, março de 1970.

grandes dificuldades. Estas dificuldades não podem ser resolvidas pela substituição da submissão ao castigo por apelo a uma lei mais alta reconhecida publicamente e sancionada pela religião. "A idéia de que cumprindo a pena justifica a violação da lei provém não de Gandhi e da tradição da desobediência civil, mas de Oliver Wendell Holmes e da tradição do realismo legal. (...) Esta doutrina... é francamente absurda... na área do código penal. (...) é tolice pensar que o assassinato, o estupro ou a sabotagem seriam justificados simplesmente por estar alguém disposto a cumprir a pena.[28]" É bastante pesaroso que aos olhos de muitos "uma gota de abnegação" seja a melhor prova da "intensidade da preocupação"[29], da "seriedade do contestador e sua fidelidade à lei"[30], pois o fanatismo é quase sempre a marca registrada do obtuso e, de qualquer modo, torna impossível a discussão racional dos problemas em pauta.

Ademais, a consciência do crente que escuta a voz de Deus ou os mandamentos da *lumen naturale,* e obedece a eles, não tem nada a ver com a consciência estritamente secular — o conhecer e falar a si mesmo, que, no modo de dizer de Cícero, melhor que mil testemunhas certifica fatos que de outro modo ficariam desconhecidos para sempre. É esta consciência que encontramos em toda sua magnificência em *Ricardo III.* Ela não faz mais que "preencher um homem cheio de obstáculos"; ela não está sempre com ele mas aguarda que ele fique sozinho, e perde seu domínio quando tarde da noite novamente ele se reúne a seus pares. Somente então, quando não está mais sozinho, ele dirá: "Consciência não é mais que uma palavra usada por covardes, inventada a princípio para manter o forte no temor". O medo de ficar sozinho, tendo que enfrentar a si próprio, pode ser um dissuasor muito eficaz de delitos, mas este medo por sua própria natureza, não persuade os outros. Sem dúvida, mesmo tal forma de objeção de consciência pode se tornar politicamente significativa quando acontece de coincidir um certo número de consciências, e os objetores de consciência resolvem ir à praça do mercado e se fazerem ouvir em público. Mas não estaremos então tratando com indivíduos ou com

(28) COHEN, Marshall. *Op. cit.* p. 214.
(29) COHEN, Carl. *Op. cit.* p. 6.
(30) COHEN, Marshall. *Op. cit.*

um fenômeno cujos critérios possam ser derivados de Sócrates e Thoreau. O que foi decidido *in foro conscientiae* tornou-se agora parte da opinião pública, e apesar de que este grupo especial de contestadores civis possa ainda alegar a validação inicial — suas consciências — eles na verdade já não contam mais somente com eles mesmos. No mercado, o destino da consciência não é muito diferente do destino da verdade do filósofo: torna-se uma opinião não diferenciável de outras opiniões. E a força da opinião não depende da consciência, mas do número de pessoas com quem está associada — "concordância unânime de que 'X' é um demônio... dá crédito à crença de que 'X' *é* um demônio"[31].

2

A desobediência — civil e criminosa — à lei, tornou-se um fenômeno de massa nos últimos anos, não somente nos Estados Unidos, mas em muitas outras partes do mundo. O desprezo pela autoridade estabelecida, religiosa e secular, social e política, como um fenômeno mundial, poderá um dia ser considerado como o evento proeminente da última década. Realmente "as leis parecem ter perdido seu poder"[32]. Observados de fora e considerados numa perspectiva histórica, não se poderia imaginar evidência mais exposta, nem sinais mais explícitos da instabilidade e vulnerabilidade interiores dos governos e sistemas legais de hoje. Se a história ensina alguma coisa sobre as causas da revolução — e ela não ensina muito, mas ensina consideravelmente mais que as teorias das ciências sociais — será que a desintegração dos sistemas políticos precede às revoluções, que o sintoma claro de desintegração é uma progressiva erosão da autoridade governamental, e que esta erosão é causada pela incapacidade do governo em funcionar adequadamente, de onde brotam as dúvidas dos cidadãos sobre sua legitimidade. É isto que os marxistas costumam chamar de "situação revolucionária" — a qual naturalmente quase nunca se transforma em revolução.

(31) PUNER, Nicholas W. *Op. cit.* p. 714.
(32) McWILLIAMS, Wilson Carey. *Op. cit.* p. 211.

No nosso contexto, um destes casos é a séria ameaça ao sistema judiciário dos Estados Unidos. Lamentar "o canceroso crescimento da contestação"[33] não faz muito sentido, a não ser que se reconheça que há muitos anos as entidades mantenedoras da lei têm sido incapazes de fazer cumprir as disposições sobre tráfico de drogas, assaltos a mão armada e arrombamentos. Considerando que as chances que os criminosos destas categorias têm de nunca serem detidos são de um para nove, e que somente um em cada um deles irá para a cadeia, é de surpreender que a criminalidade não esteja pior do que já está. (Conforme o relatório de 1967 da Comissão Presidencial para a Imposição da Lei e Administração da Justiça, "bem mais da metade dos crimes nunca são relatados à polícia", e "destes que são, menos de um quarto são esclarecidos pela detenção. Quase a metade das detenções resultam em demissão de cargos"[34]. É como se estivéssemos engajados numa experiência de âmbito nacional para descobrir quantos criminosos em potencial — isto é, pessoas que só deixam de cometer crimes sob o poder de intimidação da lei — realmente existem numa determinada sociedade. Os resultados talvez não sejam muito encorajadores para os que sustentam que todo impulso criminoso é uma aberração — isto é, são impulsos de gente mentalmente doente que age sob a compulsão da doença. A verdade simples e assustadora é que sob circunstâncias de permissividade social e legal as pessoas se entregarão ao mais ultrajante comportamento criminoso; pessoas estas que em circunstâncias normais talvez pensassem em tais crimes, mas nunca teriam realmente considerado a possibilidade de cometê-los[35].

(33) *To Establish Justice...*, op. cit., p. 89.
(34) *Law and Order Reconsidered*. Relatório da Força-Tarefa sobre a lei e a imposição da lei para a Comissão Nacional para as Causas e Prevenção da Violência. s/d. p. 266.
(35) Horríveis exemplos desta verdade foram apresentados durante o chamado "julgamento de Auschwitz" na Alemanha, cuja minuta ver em *Auschwitz*, de BERND NAUMANN, Nova York, 1966. Os acusados eram "um mero punhado de exemplos abomináveis", selecionados entre cerca de 2 000 SS colocados no campo entre 1940 e 1945. Todos eles eram acusados de assassinato, o único crime que em 1963, quando o julgamento começou, não era coberto pelo estatuto das limitações. Auschwitz era um campo de extermínio sistemático, mas as atrocidades que quase todos os acusados tinham cometido não tinham nenhuma relação com a ordem da "solução final"; seus crimes eram puníveis pela lei nazista e em alguns casos raros tais perpetrantes tinham sido realmente punidos pelo governo nazista. Estes acusados não tinham sido especialmente selecionados para servirem num campo de extermínio; foram para Auschwitz pela única razão de que eram incapazes para o serviço militar. Quase

Na sociedade de hoje, nem os transgressores em potencial (criminosos não-profissionais e não-organizados), nem os cidadãos cumpridores da lei precisam de elaborados estudos para informá-los de que as ações criminosas provavelmente — o que vale dizer, previsivelmente — não terão qualquer conseqüência legal. Aprendemos, para nossa desgraça, que o crime organizado é menos temível que os assaltantes não-profissionais — que se aproveitam de oportunidades — com sua inteiramente justificada "despreocupação com a punição"; e este estado de coisas não é nem alterado nem esclarecido por pesquisas sobre a "confiança do público no processo judicial norte-americano"[36]. Não somos contra o processo judicial, mas contra o simples fato de que os atos criminosos comumente não têm qualquer conseqüência legal; não são seguidos de processo judicial. Mas por outro lado, deve-se indagar o que aconteceria se o poder policial fosse restaurado até o nível razoável em que 60 a 70% dos crimes fossem adequadamente esclarecidos com detenções e adequadamente julgados. Haveria alguma dúvida de que isto significaria o colapso das já desastrosamente sobrecarregadas cortes de justiça e que teria conseqüências terríveis para o igualmente abarrotado sistema carcerário? O mais assustador, na atual situação, não é somente o fracasso do poder policial em si, mas também o fato de que remediar radicalmente tal situação espalharia o desastre para os outros ramos igualmente importantes do sistema judiciário.

A resposta do governo para isto, e para o igualmente evidente colapso dos serviços públicos, tem sido invariavelmente a criação de comissões de estudo, cuja fantástica proliferação nos últimos anos fez dos Estados Unidos provavelmente o mais pesquisado país do mundo. Não há dúvida de que estas comissões, depois de gastar muito tempo e dinheiro para descobrir que "quan-

---

nenhum tinha registro criminal de qualquer espécie, e nenhum tinha registro por sadismo e assassinato. Antes de irem para Auschwitz e durante os dezoito anos em que viveram na Alemanha do pós-guerra tinham sido cidadãos respeitáveis e respeitados, indiferenciáveis de seus vizinhos.

(36) Alusão à subvenção de um milhão de dólares feita pela Fundação Ford "para estudos sobre a confiança do público no processo judicial norte-americano", contrário ao "laudo dos funcionários mantenedores da lei" de Fred P. Graham, do *New York Times*, que sem equipe de pesquisa chegou à conclusão óbvia "de que a despreocupação do criminoso com a punição está causando uma crise maior e imediata". Ver Crime and the Courts de TOM WICKER, no *New York Times* de 7 de abril de 1970.

to mais pobre se é, maior é a chance de se sofrer de séria desnutrição" (genialidade que motivou até o *Quotation of the Day* do *New York Times*)[37], muitas vezes aparecem com recomendações razoáveis. Estas, no entanto, raramente têm algum efeito e são muitas vezes submetidas a um novo rol de pesquisadores. Todas as comissões têm em comum um esforço desesperado em descobrir algo sobre "as causas profundas" do problema, qualquer que seja ele — especialmente se se trata de violência — e uma vez que causas "profundas" são por definição ocultas, a conclusão final da equipe de pesquisa quase nunca passa de hipótese e teoria sem demonstração. A conseqüência evidente é que a pesquisa tornou-se um substituto para a ação, enquanto as "causas profundas" vão ocultando as causas óbvias — freqüentemente tão simples que nenhuma pessoa "séria" e "letrada" poderia lhe dar alguma atenção. Certamente descobrir remédios para deficiências óbvias não assegura a solução do problema; mas negligenciá-las significa que o problema não será sequer adequadamente definido[38]. A pesquisa se tornou uma técnica de evasão e isto certamente não melhorou a já minada reputação da ciência.

Uma vez que contestação e desprezo pela autoridade são sinais gerais de nosso tempo, é tentador ver a desobediência civil como um simples caso especial. Do ponto de vista dos juristas, a lei é violada tanto pelo contestador civil como pelo criminoso e é compreensível que as pessoas (especialmente os advogados) achem que a desobediência civil, precisamente por ser exercida em público, esteja na origem da gama criminal[39] — não obstante toda evidência e argumentos em contrário, pois não é apenas "insuficiente" mas inexistente qualquer evidência "para demonstrar que atos de desobediência civil... levam a... uma propensão para o cri-

(37) De 28 de abril de 1970.
(38) Há, por exemplo, o fato conhecidíssimo e superpesquisado de que crianças em escolas de cortiços não aprendem. Entre as causas mais óbvias, está o fato de que muitas destas crianças chegam à escola sem o café da manhã e estão desesperadamente famintas. Há uma porção de causas "profundas" para o fracasso delas em aprender, e é muito incerto que o café da manhã ajudaria. O que não é de modo algum incerto é que mesmo uma classe de gênios não poderia ser ensinada se acontecesse de eles estarem com fome.
(39) O Juiz Charles E. Whittaker, e muitos outros desta profissão, "atribuía a crise a idéias de desobediência civil". Ver WILSON CAREY MCWILLIAMS. *Op. cit.* p. 211.

me"[40]. Embora seja verdade que os movimentos radicais e principalmente as revoluções atraem elementos criminosos, não seria nem correto nem inteligente identificar os dois; os criminosos são tão perigosos para os movimentos políticos quanto para a sociedade em geral. Além disso, enquanto a desobediência civil pode ser considerada como uma indicação de perda significativa da autoridade da lei (ainda que dificilmente possa ser vista como sua causa), a desobediência criminosa não é mais que a conseqüência inevitável da desastrosa erosão da competência e do poder policial. Propostas para investigar a "mente criminosa" com testes de Rorschach ou com agentes informantes parecem sinistras, mas pertencem elas também às técnicas de evasão. O incessante fluxo de sofisticadas hipóteses sobre a mente (a mais ardilosa das propriedades do homem) do criminoso afoga o fato sólido de que ninguém é capaz de agarrar seu corpo, como se hipoteticamente as "atitudes negativas *latentes*" dos policiais encobrissem seu patente recorde negativo em solucionar crimes[41].

A desobediência civil aparece quando um número significativo de cidadãos se convence de que, ou os canais normais para mudanças já não funcionam, e que as queixas não serão ouvidas nem terão qualquer efeito, ou então, pelo contrário, o governo está em vias de efetuar mudanças e se envolve e persiste em modos de agir cuja legalidade e constitucionalidade estão expostas a graves dúvidas. Há inúmeros exemplos: sete anos de guerra não-declarada no Vietnã; a crescente influência dos serviços secretos nos negócios públicos; ameaças abertas ou ligeiramente veladas às liberdades garantidas pela Primeira Emenda; tentativas de privar o Senado de seus poderes constitucionais seguidas da invasão do presidente ao Camboja em aberto menosprezo à Constituição que exige explicitamente aprovação do Congresso para desencadear guerra; sem mencionar a nefasta referência do vice-presidente aos resistentes e dissidentes como " 'abutres'... e 'parasitas' (os quais) podemos providenciar para que sejam separados... da nossa sociedade sem maior remorso do que sentiríamos ao jogar fora as maçãs podres de um caixote" — referência esta que desafia não somente as leis dos Estados

---

(40) *To Establish Justice...*, op. cit., p. 109.
(41) *Law and Order Reconsidered*. op. cit., p. 291.

Unidos, mas toda ordem legal[42]. Em outras palavras, a desobediência civil pode servir tanto para mudanças necessárias e desejadas como para preservação ou restauração necessária e desejada do *status quo* — preservação dos direitos garantidos pela Primeira Emenda ou restauração do equilíbrio dos poderes do governo, ameaçado pelo poder executivo e pelo enorme crescimento do poder federal em detrimento dos direitos dos estados. Em nenhum dos casos a desobediência civil pode ser comparada à desobediência criminosa.

Há um abismo de diferença entre o criminoso que evita os olhos do público e o contestador civil que toma a lei em suas próprias mãos em aberto desafio. A distinção entre a violação aberta da lei, executada em público, e a violação clandestina é tão claramente óbvia que só pode ser ignorada por preconceito ou má vontade. Atualmente isto é reconhecido por todos os escritores sérios do assunto e é nitidamente a condição primeira para qualquer tentativa de debater a compatibilidade da desobediência civil com a legislação e as instituições governamentais norte-americanas. Além disso, o transgressor comum, mesmo que pertença a uma organização criminosa, age exclusivamente em seu próprio benefício; recusa-se a ser dominado pelo consentimento dos outros e só cederá ante a violência das entidades mantenedoras da lei. Já o contestador civil, ainda que seja normalmente um dissidente da maioria, age em nome e para o bem de um grupo; ele desafia a lei e as autoridades estabelecidas no terreno da dissenção básica, e não porque, como indivíduo, queira algum privilégio para si, para fugir com ele. Se o grupo ao qual pertence é significativo em número e posição, logo é classificado como membro de uma das "maiorias convergentes" de John C. Calhoun, que são camadas da população unânimes em suas dissenções. O termo, infelizmente, é aviltado por argumentos escravistas e racistas e no *Disquisition on Government,* onde aparece, cobre somente interesses, e não opiniões e convicções, de minorias que se sentem ameaçadas pelas "maiorias dominantes". De qualquer modo, o caso é que estamos tratando aqui de minorias organizadas que sejam impor-

---

(42) São especialmente recomendados os diversos excelentes comentários do *The New Yorker* sobre o desprezo quase aberto da administração pela ordem constitucional e legal do país, em sua coluna Talk of the town.

tantes demais, não somente em número mas também em *qualidade de opinião,* para serem desprezadas sem risco. Calhoun certamente tinha razão quando sustentou que em questões de grande importância nacional, a "convergência ou a aquiescência das várias parcelas da comunidade" é o pré-requisito do governo constitucional[43]. Imaginar as minorias contestadoras como rebeldes ou traidoras vai contra as palavras e o espírito de uma Constituição cujos idealizadores eram especialmente sensíveis aos perigos de um controle desenfreado pela maioria.

De todos os meios que os contestadores civis possam lançar mão para a persuasão e para a dramatização dos problemas, o único que pode justificar a alcunha de "rebeldes" é o meio da violência. Assim, a segunda característica necessária largamente aceita pela desobediência civil é a não-violência, e daí decorre que "a desobediência civil não é revolução. (...) O contestador civil aceita, enquanto o revolucionário rejeita, a estrutura da autoridade estabelecida e a legitimidade geral do sistema de leis"[44]. Esta segunda distinção entre o revolucionário e o contestador civil, tão plausível à primeira vista, mostra-se mais difícil de ser sustentada que a distinção entre contestador civil e criminoso. O contestador civil compartilha com o revolucionário o desejo de "mudar o mundo", e as mudanças que ele quer executar podem ser realmente drásticas — como, por exemplo, no caso de Gandhi, sempre citado como o maior exemplo, neste contexto, da não-violência. (Por acaso Gandhi aceitou a "estrutura da autoridade estabelecida", que era o domínio Britânico na Índia? Acaso respeitou a "legitimidade geral do sistema de leis" na colônia?)

"As coisas deste mundo estão num fluxo tão constante que nada permanece muito tempo no mesmo estado"[45]. Se esta sentença, escrita por Locke a trezentos anos atrás, fosse proferida hoje, soaria como o eufemismo do século. No entanto serve para nos lembrar que a mudança não é um fenômeno contemporâneo; é inerente a um mundo habitado e estabelecido por seres humanos que nele chegam pelo nascimento como estrangeiros e recém-chegados (νέοι, os novos, como os gre-

---

(43) *A Disquisition on Government (1853).* New York, 1947. p. 67.
(44) COHEN, Carl. *Op. cit.* p. 3.
(45) LOCKE. *The Second Treatise of Government,* n. 157.

gos costumavam chamar os jovens), e partem dele justamente quando adquirem a experiência e a familiaridade que podem em alguns raros casos capacitá-los a serem "sábios" pelos caminhos do mundo. "Homens sábios" desempenharam diversos, e algumas vezes significativos, papéis nas questões humanas, mas o caso é que sempre foram velhos, em vias de desaparecer do mundo. Sua sabedoria, adquirida na proximidade da partida, não pode dirigir um mundo exposto ao constante ataque violento da inexperiência e das "tolices" dos recém-chegados, e é provável que sem esta condição inter-relacionada de natalidade e mortalidade, que assegura a mudança e torna o domínio da sabedoria impossível, a raça humana já estivesse extinta há muito tempo, vítima de insuportável tédio.

A transformação é constante, inerente à condição humana, mas a rapidez da transformação não o é. Varia muito, de país a país, de século a século. Comparado com o vaivém das gerações, o fluxo das coisas do mundo ocorre tão devagar que o mundo oferece um *habitat* quase estável para os que chegam, ficam e parte. Ou pelo menos foi assim durante milhares de anos — inclusive nos primeiros séculos da Idade Contemporânea, até que apareceu a idéia de mudança pela mudança em nome do progresso. Talvez seja este nosso século o primeiro no qual a velocidade de transformação das coisas do mundo suplantou a troca de seus habitantes. (Um alarmante sintoma desta reviravolta é a resoluta diminuição no intervalo entre as gerações. Do padrão tradicional de três ou quatro gerações por século, que correspondia a um hiato de gerações "natural" entre pais e filhos, chegamos agora a um ponto em que quatro ou cinco anos de diferença na idade são suficientes para estabelecer um hiato entre as gerações.) Mas mesmo sob as extraordinárias condições do século vinte, que fazem as advertências de Marx sobre reforma do mundo soar como uma exortação a despejar água no mar, dificilmente se poderia dizer que o apetite do homem pela mudança cancelou sua necessidade de estabilidade. É perfeitamente sabido que o mais radical dos revolucionários se tornará um conservador no dia seguinte à revolução. Obviamente nem a capacidade do homem para a mudança nem sua capacidade para a preservação são ilimitadas, sendo a primeira limitada pela extensão do passado no presente — nenhum homem começa *ab ovo* — e a segunda pela imprevisibilidade do futuro. O anseio do homem por mudança e sua necessidade de estabilidade sempre se equilibraram e controlaram mutuamente; e o nosso vocabulário corrente, que distingue duas facções, os progressistas e os conservadores, indica um estado de coisas no qual esta balança foi desregulada.

Nenhuma civilização — o artefato humano para abrigar gerações sucessivas — teria sido jamais possível sem uma estrutura de estabilidade que proporcionasse o cenário para o fluxo de mudança. Entre os fatores estabilizantes vêm em primeiro lugar os sistemas legais que regulam nossa vida no mundo e nossas questões diárias uns com outros, e são mais duradouros que modas, costumes e tradições. Eis a razão porque a lei parece, numa época de rápidas transformações, inevitavelmente uma "força repressiva, e desta forma uma influência negativa num mundo que admira a ação positiva"[46]. A variedade de tais sistemas é enorme, tanto em tempo como em espaço, mas todos têm algo em comum, algo que justifica usarmos a mesma palavra para fenômenos tão diferentes como a *lex* romana, a νόμς grega e a *torah* hebraica: o fato de eles terem sido planejados para assegurar estabilidade. (Há uma outra característica geral da lei: ela não é universalmente válida — tanto é limitada territorialmente como é etnicamente restrita, como no caso da lei judaica; mas isto não nos interessa aqui. Onde estejam ausentes as características de estabilidade e de validade limitada — onde quer que as chamadas "leis" da história ou da natureza (na forma como são interpretadas pelo chefe de estado, por exemplo) conservem uma "legalidade" que pode mudar de dia para dia e que clama por validade para toda a espécie humana — estaremos nos confrontando com a ilegalidade, embora não com a anarquia, uma vez que a ordem pode ser mantida por meio de uma organização coerciva. O resultado evidente é a criminalização de todo o mecanismo do governo, como já aprendemos dos governos totalitários.)

Em conseqüência da velocidade sem precedentes da mudança no nosso tempo, e por causa do desafio que esta mudança significa para a ordem legal — tanto

(46) LEVI, Edward H. *Op. cit.*

do lado do governo, conforme já vimos, como do lado dos cidadãos contestadores — atualmente é amplamente sustentado que a mudança pode ser efetuada pela lei, em contraposição à idéia anterior de que "a ação legal (isto é, as decisões da Corte Suprema) podem influenciar modos de vida"[47]. As duas opiniões me parecem estar baseadas num erro em relação ao que a lei pode alcançar e ao que não pode. A lei realmente pode estabilizar e legalizar uma mudança já ocorrida, mas a mudança em si é sempre resultado de ação extralegal. Sem dúvida a própria Constituição fornece um modo quase-legal de desafiar a lei violando-a; mas deixando de lado a questão de serem ou não estas violações atos de desobediência, a Corte Suprema tem o direito de escolher entre os casos trazidos até ela, e esta escolha é inevitavelmente influenciada pela opinião pública. O projeto de lei recentemente aprovado em Massachussetts para forçar um teste da legalidade da guerra do Vietnã, sobre o qual a Corte Suprema recusou-se a deliberar, é exatamente o caso. Não é óbvio que esta ação legal — realmente muito significativa — era resultado da desobediência civil de recrutas resistentes, e que sua aspiração era legalizar a recusa dos soldados ao dever do combate? Toda a substância da legislação trabalhista — o direito ao acordo salarial, o direito de se organizar e fazer greve — foi precedida por décadas de desobediência, às vezes violenta, às leis que no fim das contas se mostraram obsoletas.

A história da Décima Quarta Emenda oferece talvez um exemplo especialmente instrutivo da relação entre a lei e a mudança. Ela deveria traduzir em termos constitucionais a mudança que tinha ocorrido como resultado da Guerra Civil. Tal mudança não fora aceita pelos estados sulistas com o resultado de que as disposições sobre a igualdade racial não eram impostas há quase cem anos. Um exemplo ainda mais estarrecedor da incapacidade da lei em impor mudanças é sem dúvida a Décima Oitava Emenda, que diz respeito à Lei Seca, que teve que ser rejeitada, pois demonstrou ser impossível sua imposição[48]. A Décima Quarta Emen-

(47) HYMAN, J. D. Segregation and the Fourteenth Amendment. In: *Essays in Constitutional Law*. New York, ed. Robert G. McCloskey, 1957, p. 379.
(48) A difundida desobediência à emenda da Lei Seca, no entanto, "não pode por direito ser chamada de desobediência", porque não era praticada em público. Ver PUNER, NICHOLAS W. *Op. cit.* p. 653.

da, por seu lado, foi finalmente imposta pela ação legal da Corte Suprema, mas, ainda que se possa argumentar que sempre foi "total obrigação da Corte Suprema combater leis estaduais que negassem a igualdade racial"[49], o fato claro é que a corte preferiu agir assim somente quando os movimentos pelos direitos civis que, no que diz respeito às leis sulistas, eram nitidamente movimentos de desobediência civil, tinham acarretado uma drástica mudança nas atitudes, tanto dos cidadãos negros como dos brancos. Não foram as leis, mas a desobediência civil que trouxe à luz o "dilema americano", e que, talvez pela primeira vez, tenha obrigado a nação a reconhecer a enormidade do crime, não somente da escravidão, mas também dos benefícios dela esperados — "único entre todos os sistemas semelhantes conhecidos pela civilização"[50] — cuja responsabilidade o povo herdou, junto com tantas bênçãos, de seus ancestrais.

3

A perspectiva de mudanças muito rápidas sugere que há "toda probabilidade de ter a desobediência civil um papel progressivamente expansivo nas... democracias modernas"[51]. Se a "desobediência civil chegou para ficar", como muitos vieram a acreditar, a questão de sua compatibilidade com a lei é da maior importância; a solução disto poderia determinar se as instituições da liberdade são ou não são bastante flexíveis para sobreviverem ao violento ataque da mudança sem guerra civil nem revolução. A literatura sobre o assunto tende a debater o caso da desobediência civil nos terrenos limitados da Primeira Emenda, admitindo a necessidade desta de ser "expandida" e expressando a esperança de que "as decisões futuras da Corte Suprema estabeleçam uma nova teoria em seu lugar"[52]. Mas a Primeira Emenda claramente defende apenas "a liberdade de expressão e de imprensa", ao passo que "o direito do povo de

---

(49) McCloskey, Robert G. *Op. cit.* p. 352.
(50) Sobre este ponto importante, que explica porque a emancipação teve conseqüências tão desastrosas para os Estados Unidos, ver o esplêndido estudo *Slavery*, de Stanley M. Elkins, New York, 1959.
(51) Bay, Christian. *Op. cit.* p. 483.
(52) Freeman, Harrop A. *Op. cit.* p. 23.

pacificamente se reunir e requerer ao governo que leve em consideração suas queixas", que salvaguarda a liberdade de ação, está exposto a interpretações e controvérsias. Pelas decisões da Corte Suprema, "a conduta, na Primeira Emenda, não tem as mesmas regalias que a palavra", e "conduta é, contrário à palavra, (naturalmente) endêmica" para a desobediência civil[53].

Contudo, o que nos interessa aqui não é quando ou até que ponto a desobediência civil pode ser justificada pela Primeira Emenda, mas sim com que *conceito* de lei ela é compatível. Vou debater no que segue que embora o fenômeno da desobediência civil seja hoje em dia mundial, e apesar de só recentemente ter interessado à jurisprudência e à ciência política nos Estados Unidos, é contudo primordialmente norte-americana em origem e substância; nenhum outro país e nenhuma outra língua tem ao menos um termo para identificá-lo, e a república norte-americana é o único sistema político que pelo menos tem chance de combatê-lo — não talvez em conformidade com os estatutos, mas em conformidade com o *espírito* das leis. Os Estados Unidos devem sua origem à Revolução Americana, que trazia dentro de si um novo conceito de lei nunca completamente enunciado, que não era resultado de teorias, mas fora formado pelas extraordinárias experiências dos primeiros colonos. Seria um evento do maior significado encontrar um nicho constitucional para a desobediência civil — tão importante, talvez, quanto a descoberta, há quase duzentos anos, da *constitutio libertatis*.

O compromisso moral do cidadão em obedecer às leis, tradicionalmente provém da suposição de que ele, ou deu seu consentimento a elas, ou foi o próprio legislador; sob o domínio da lei, o homem não está sujeito a uma vontade alheia, está obedecendo a si mesmo — e o resultado, naturalmente, é que cada pessoa é ao mesmo tempo seu próprio senhor e seu próprio es-

---

(53) PUNER, Nicholas W. *Op. cit.* p. 694. Para o significado da garantia da Primeira Emenda, ver especialmente *The Constitution and What It Means Today*, de EDWARD S. CORWIN, Princeton, 1958. Quanto à questão de até que ponto a liberdade de ação é protegida pela Primeira Emenda, Corwin assinala: "Historicamente, o direito de petição é um direito primário e o direito de se reunir pacificamente, um direito subordinado e instrumental. (...) Hoje, no entanto, o direito à reunião pacífica é '...análogo ao da liberdade de expressão e liberdade de imprensa, e é igualmente fundamental. (...) A manutenção dos comícios para ação política pacífica não pode ser proibida. Os que auxiliam na condução de tais comícios não podem ser considerados criminosos por isto'". pp. 203-204.

cravo, e o que é visto como o conflito original entre o cidadão, relacionado com o bem público, e o eu, que persegue sua felicidade particular, fica subjetivado. Esta é em essência a solução de Rousseau e Kant para o problema do compromisso, e seu defeito, no meu modo de ver, é que volta novamente à consciência — à relação do eu próprio[54]. Do ponto de vista da ciência política moderna, o problema está na origem fictícia do consentimento: "Muitos... escrevem como se existisse um contrato social ou alguma base parecida para o compromisso político de obedecer à vontade da maioria", e para isso o argumento normalmente preferido é: Nós numa democracia temos que obedecer à lei, porque temos o direito de votar[55]. Mas é exatamente este direito ao voto, sufrágio universal em eleições livres, como sendo uma base suficiente para a democracia e uma pretensão de liberdade pública, que está sob ataque.

No entanto, a proposição lançada por Eugene Rostow de que o que deve ser considerado é "o compromisso do cidadão com a lei, *numa sociedade de consentimento*", parece-me decisiva. Se Montesquieu estava certo — e acho que estava — de que existe algo assim como "o espírito das leis", que varia de país a país e é diferente em cada forma de governo, então podemos dizer que o consentimento, não no velho sentido de simples aquiescência que faz distinção entre controle sobre assuntos de interesse e controle sobre assuntos sem interesse, mas no sentido de apoio ativo e participação contínua em todos os assuntos de interesse público, é o espírito da lei norte-americana. Teoricamente, este consentimento é interpretado como sendo o resultado de um contrato social, que na sua forma mais comum — o contrato entre o povo e seu governo — é facilmente denunciável como mera ficção. Contudo, a questão é que não era mera ficção na prática pré-revolucionária norte-americana, com seus numerosos pactos e acordos, des-

---

(54) Um outro defeito importante foi assinalado por Hegel: "Ser senhor e servo de si mesmo parece melhor que ser servo de outro. Contudo, a relação entre liberdade e natureza, quando... a natureza está sendo oprimida pela própria pessoa, é muito mais artificial que tal relação na lei natural, segundo a qual a parte dominante e mandante está fora do indivíduo vivo. Neste caso, o indivíduo como uma entidade viva retém sua individualidade autônoma. (...) Opõe-se a um poder de fora. (...) (De outro modo) sua harmonia interior é destruída". Em *Differenz des Fichte'schen und Schelling'schen Systems der Philosophie* (1801), edição Felix Meiner. p. 70.

(55) BAY, Christian. *Op. cit.* p. 483.

de o Pacto do Mayflower até o estabelecimento das treze colônias como uma entidade. Quando Locke formulou sua teoria do contrato social, que supostamente explicava a origem aborígene da sociedade civil, ele indicou numa nota lateral que modelo tinha realmente em mente: "No princípio o mundo todo era a América"[56].

Em teoria, o século dezessete conheceu e associou sob o nome de "contrato social" três tipos completamente diferentes destes acordos aborígenes. Havia, *primeiro,* o exemplo do convênio bíblico, celebrado entre um povo como um todo e seu Deus, pelo qual o povo consentia em obedecer a quaisquer leis que a divindade todo-poderosa escolhesse revelar para ele. Se esta versão puritana de consentimento prevalecesse, teria, como bem observou John Cotton, "instituído a Teocracia... como a melhor forma de governo"[57]. Havia, *em segundo lugar,* a variante de Hobbes segundo a qual todo indivíduo celebra um acordo com a autoridade estritamente secular para garantir sua segurança, por cuja proteção ele renuncia a todos os direitos e poderes. Chamo isto de versão vertical do contrato social. Sem dúvida é incoerente com a idéia norte-americana de governo porque reivindica para este um monopólio de poder em benefício de todos os que estão submetidos a ele, os quais não têm nem direitos nem poderes enquanto sua segurança estiver garantida; a república norte-americana, ao contrário, repousa no poder do povo — o antigo *potestas in populo* de Roma — e o poder confiado às autoridades é um poder delegado que pode ser revogado. Havia, *em terceiro lugar,* o contrato social aborígene de Locke que guiava não o governo mas a sociedade — entendendo-se a palavra no sentido latino de *societas,* uma "aliança" entre todos os indivíduos membros que depois de estarem mutuamente comprometidos fazem um contrato de governo. Eu chamo isto de versão horizontal do contrato social. Tal contrato limita o poder de cada indivíduo membro mas deixa intacto o poder da sociedade; a sociedade então estabelece um governo "sobre o firme terreno de um contrato original entre indivíduos independentes"[58].

(56) *Op. cit.* n. 49.
(57) Ver minha discussão do Puritanismo e sua influência na Revolução Americana em On Revolution. New York, 1963. p. 171 e ss.
(58) ADAMS, John. *Novanglus. Works,* Boston, 1851, v. IV, p. 110.

Todos os contratos, convênios e acordos se apóiam na reciprocidade, e a grande vantagem da versão horizontal do contrato social é que esta reciprocidade liga cada um dos membros a seus colegas cidadãos. Esta é a única forma de governo em que o povo é mantido unido pela força de promessas mútuas e não por reminiscências históricas ou homogeneidade étnica (como no estado-nação) ou pelo Leviathan de Hobbes que "intimida a todos" e desta forma une a todos. Para Locke, isto significava que a sociedade permanece intacta mesmo que o "governo seja dissolvido" ou rompa seus acordos com a sociedade transformando-se numa tirania. Uma vez estabelecida, a sociedade enquanto existir não pode mais ser levada de volta à ilegalidade e à anarquia do estado natural. Segundo Locke, "o poder que cada indivíduo forneceu à sociedade quando nela penetrou, não pode reverter ao indivíduo novamente — permanecerá sempre com a comunidade enquanto durar a sociedade"[59]. É na verdade uma nova versão da antiga *potestas in populo,* com a conseqüência de que, ao contrário das teorias anteriores sobre o direito à resistência, onde o povo só podia agir "quando estivesse preso por correntes", ele agora tinha o direito, ainda conforme Locke, de "impedir" o acorrentamento[60]. Quando os signatários da Declaração da Independência "empenharam mutuamente" suas vidas, fortunas e honras sagradas, pensavam neste veio de experiências tipicamente norte-americanas e na generalização e conceitualização delas por Locke.

O consentimento — significando que a participação voluntária deve ser assumida por todo cidadão da comunidade — está obviamente (exceto no caso de naturalização) pelo menos tão exposto a ser considerado uma ficção quanto o contrato aborígene. O argumento é correto, legal e historicamente, mas não o é existencial e teoricamente. Todo homem nasce membro de uma comunidade particular e só pode sobreviver se nela é bem-vindo e se sente à vontade. A situação fatual de cada recém-nascido implica numa espécie de consentimento: ou seja, num tipo de conformação às regras com as quais é jogado o grande jogo da vida no grupo particular a que ele pertence por nascimento. Todos nós

(59) *Op. cit.* n. 220.
(60) *Ibid.* n. 243.

vivemos e sobrevivemos por uma espécie de *consentimento tácito* que, no entanto, seria difícil chamar de voluntário. Como podemos exercer nossa vontade sobre o que já está determinado? Poderíamos, no entanto, chamá-lo de voluntário quando acontece de a criança nascer numa comunidade na qual a dissidência também é uma possibilidade legal e *de facto* quando ela se tornar adulta. Dissidência implica em consentimento e é a marca do governo livre; quem sabe que pode divergir sabe também que de certo modo está consentindo quando não diverge.

O consentimento, subtendendo o direito de divergir — o espírito da lei norte-americana e a quinta-essência do governo norte-americano — elucida e articula o consentimento tácito dado em troca das boas-vindas tácitas da comunidade às novas chegadas, à imigração interna através da qual ela constantemente se renova. Deste ponto de vista, o consentimento tácito não é ficção; é inerente à condição humana. Todavia, o consentimento tácito geral — o "acordo tácito, uma espécie de *consensus universalis*", como o chamou Tocqueville[61] — deve ser cuidadosamente diferenciado do consentimento a leis específicas ou políticas específicas, com as quais não se identifica mesmo que sejam resultado de decisões majoritárias[62]. Freqüentemente se argumenta que o consentimento à Constituição, o *consensus universalis*, implica em consentimento às leis estatutárias também, pois no governo representativo o povo também ajudou a fazê-las. Tal consentimento, a meu ver, é completamente fictício; de qualquer modo, nas circunstâncias atuais perdeu toda plausibilidade. O próprio governo representativo está em crise hoje; em parte porque perdeu, com o decorrer do tempo, todas as praxes que permitiam a real participação dos cidadãos, e em parte porque atualmente sofre gravemente da mesma doença que o sistema de partidos: burocratização e tendência do bipartidarismo em não representar ninguém exceto as máquinas dos partidos.

(61) "O goveno republicano existe nos Estados Unidos sem disputa ou oposição, sem provas ou argumentos, por um acordo tácito, uma espécie de *consensus universalis*." *Democracy in America*, New York, 1945, v. I, p. 419.
(62) Para a importância desta diferenciação, ver *Truth and Power* de HANS MORGENTHAU, 1970. p. 19 e ss. e *The New Republic*, de 22 de janeiro de 1966, pp. 16-18.

De qualquer forma, o risco corrente de rebelião nos Estados Unidos não vem da dissenção e da resistência a leis particulares, decretos e política nacional, e nem da denúncia do "sistema" ou do *establishment* com suas familiares insinuações injuriosas aos baixos padrões morais dos que ocupam altas posições e à protetora atmosfera de conivência que os envolve. Estamos nos confrontando com uma crise constitucional de primeira ordem, e esta crise foi efetuada por dois fatores muito diferentes, cuja infeliz coincidência resultou na particular agudez e na confusão geral da situação. Tanto há as freqüentes ameaças à Constituição pela administração, com a conseqüente perda de confiança pública nos processos constitucionais, quer dizer, a retirada do consentimento, como também veio à tona mais ou menos ao mesmo tempo, a mais radical má vontade de certas camadas da população em reconhecer o *consensus universalis*.

Tocqueville previu há quase cento e cinqüenta anos que "o mais formidável dos males que ameaçam o futuro da União provém", não da escravidão, cuja abolição ele antevira, mas "da presença de uma população negra em seu território"[63]. E a razão pela qual ele pôde prever o futuro dos negros e índios há mais de um século atrás jaz no fato simples e aterrador de que estes povos nunca foram incluídos no *consensus universalis* original da república americana. Não havia nada na Constituição ou no intento dos idealizadores que pudesse ser interpretado como incluindo o povo escravo no pacto original. Mesmo os que pleiteavam uma eventual emancipação pensavam em termos de segregação dos negros ou preferivelmente deportação. Isto é verdade tanto para Jefferson — "A escrita mais certa do livro do destino é que estas gentes serão libertadas; e não menos certo é que estas duas raças, igualmente livres, não podem viver sob o mesmo governo" — como para Lincoln, que tentou em 1862 "quando uma delegação de homens de cor veio vê-lo... persuadi-los a formar uma colônia na América Central"[64]. A tragédia do movimento abolicionista, que nos seus primeiros estágios também tinha proposto deportação e colonização (na Libéria), foi a de só poder apelar para a consciência do

(63) *Op. cit.* p. 356.
(64) HOFSTADTER. *Op. cit.*, p. 130.

indivíduo e não para a lei da terra nem para a opinião do país. Isto pode explicar sua forte tendência geral antiinstitucional, sua moralidade abstrata, que condenava todas as instituições como nocivas, porque toleravam a nocividade da escravidão, o que certamente não ajudou a promoção de medidas elementares de reforma humanista pela qual em todos os outros países os escravos eram gradativamente emancipados para a sociedade livre[65].

Sabemos que este crime original não podia ser remediado pelas Décima Quarta e Décima Quinta Emendas; ao contrário, a exclusão *tácita* do consenso *tácito* se tornava mais notável pela incapacidade ou má vontade do governo federal em impor suas próprias leis; e com o passar do tempo e a vinda de levas e levas de imigrantes para o país, ficou ainda mais claro que os negros, agora livres, nascidos e educados no país, eram os únicos para os quais não era verdade que, nas palavras de Bancroft, "as boas-vindas da comunidade eram tão grandes quanto penosas"[66]. Não devemos nos surpreender com a falta de confiança nas atuais tentativas extemporâneas de dar explicitamente as boas-vindas à população negra para um outro *consensus universalis* tácito, cujo resultado conhecemos. (Uma emenda constitucional explícita, dirigida especialmente ao povo negro dos Estados Unidos, teria realçado a grande mudança muito mais dramaticamente para estas pessoas que nunca foram bem-vindas, assegurando-as quanto à sua finalidade. As decisões da Corte Suprema são interpretações da Constituição, sendo uma destas interpretações a resolução *Dred Scott,* que em 1857 sustentou que "Os negros não são e não podem ser cidadãos no sentido da constituição federal"[67]. A falha do Congresso em propor tal emenda é espantosa, tendo em vista a esmagadora votação por uma emenda constitucional para

(65) ELKINS, na Parte IV de seu livro mencionado anteriormente, faz uma excelente análise da esterilidade do movimento abolicionista.
(66) Ver GEORGE BANCROFT, *The History of the United States*, edição resumida de Russell B. Nye, Chicago, 1966, p. 44.
(67) O caso *Dred Scott* versus *Sandford* foi levado ante a Corte Suprema. Scott, um escravo do Missouri, foi levado por seu dono para o Illinois e outro território onde a escravidão era proibida. De volta ao Missouri, Scott processou seu dono, "argumentando que estas viagens para áreas livres tinham-no tornado um homem livre". A corte decidiu que Scott "não podia intentar um processo nas cortes federais... porque os negros não são e não podem ser cidadãos no sentido da constituição federal". McCLOSKEY, Robert. *The American Supreme Court.* Chicago, 1966. pp. 93-95.

sanar práticas discriminatórias infinitamente mais moderadas contra mulheres.) De qualquer modo, as tentativas de integração quase sempre encontram resistência por parte das organizações negras, muitos líderes das quais pouco se incomodam com as regras de não-violência da desobediência civil, e muitas vezes também não se incomodam com problemas gerais — guerra no Vietnã, defeitos específicos nas nossas instituições — pois estão em franca rebelião contra todos eles. E ainda que tenham podido atrair para sua causa a ala extremista da contestação radical, a qual sem eles provavelmente já teria desaparecido há muito tempo, o instinto lhes diz para se desengajarem até mesmo destes partidários, os quais, apesar de seu espírito rebelde, estavam incluídos no contrato original, do qual surgiu o *consensus universalis* tácito.

O consentimento, no modo norte-americano de entender o termo, repousa na versão horizontal do contrato social e não em decisões da maioria. (Ao contrário, grande parte do pensamento dos idealizadores da Constituição se relacionava à salvaguarda das minorias dissidentes.) O conteúdo moral deste consentimento é igual ao conteúdo moral de todos os acordos e contratos; consiste no compromisso de mantê-los. Este compromisso é inerente a todas as promessas. Toda organização de homens, seja social ou política, se baseia fundamentalmente na capacidade do homem de fazer promessas e mantê-las. O único dever estritamente moral do cidadão é esta dupla disposição de dar e manter asseveração digna de confiança como sua conduta para o futuro, que compõe a condição pré-política para todas as outras virtudes especificamente políticas. A citadíssima afirmativa de Thoreau "O único compromisso que eu tenho o dever de assumir é o de fazer a qualquer hora o que eu achar direito", devia ser alterada para: O único compromisso que eu *como cidadão* tenho o dever de assumir é fazer e manter promessas.

Promessa é o modo exclusivamente humano de ordenar o futuro, tornando-o previsível e seguro até onde seja humanamente possível. E uma vez que a previsibilidade do futuro nunca é absoluta, as promessas são restringidas por duas limitações essenciais. Estamos obrigados a cumprir nossas promessas enquanto não surgir alguma circunstância inesperada, e enquanto a reciprocidade inerente a toda promessa não for rompida. Existem inúmeras circunstâncias que podem levar ao rompimento da promessa, sendo a mais importante delas, no nosso contexto, a circunstância geral da mudança. E a violação da inerente reciprocidade das promessas também pode ser causada por muitos fatores, sendo o único relevante, no nosso contexto, o fracasso das autoridades estabelecidas em manter as condições originais. Exemplos de tais fracassos se tornaram numerosíssimos: há o caso da "guerra ilegal e imoral", o caso da reivindicação cada vez mais impaciente de poder pelo Executivo, o caso do embuste crônico associado a ataques deliberados às liberdades garantidas pela Primeira Emenda, cuja grande função política sempre foi a de tornar o embuste *crônico* impossível; e há por último, mas não menos importante, o caso das violações do crédito especial das universidades (na forma de pesquisas orientadas para a guerra ou outras dirigidas pelo governo), que lhes dava proteção contra interferência política e pressão social. Quanto aos debates sobre este último caso, infelizmente tanto os que atacam estes maus usos como os que os defendem tendem a concordar na premissa basicamente errada de que as universidades são meros "espelhos da sociedade em geral", um argumento muito bem respondido por Edward H. Levi, reitor da Universidade de Chicago: "Algumas vezes se diz que a sociedade tem o tipo de instrução que merece. Deus nos ajude se for assim"[68].

"O espírito das leis", como Montesquieu o entendia, é o princípio pelo qual as pessoas que vivem num determinado sistema legal agem e são inspiradas a agir. O consentimento, o espírito das leis norte-americanas, se baseia na idéia de um contrato mutuamente vinculante que estabeleceu primeiro as colônias individuais e depois a união. Um contrato pressupõe uma pluralidade de pelo menos dois, e toda associação estabelecida e atuando conforme o princípio do consentimento, baseada na promessa mútua, pressupõe uma pluralidade que não se dissolva mas que tome a forma de uma união — *e pluribus unum*. Se os indivíduos membros da comunidade assim formada pudessem optar por não reter uma autonomia restrita, se pudessem optar por desaparecer na

---

(68) *Point of view. Talks on Education*, Chicago, 1969, pp. 139 e 170.

completa unidade como a *union sacré* da nação francesa, todo palavreado sobre a relação *moral* do cidadão com a lei seria mera retórica.

O consentimento e o direito de divergir tornaram-se os princípios inspiradores e organizadores para a ação, os quais ensinaram os habitantes deste continente a "arte de se associar uns com outros", de onde brotaram as associações voluntárias cujo papel Tocqueville foi o primeiro a perceber com espanto, admiração e uma certa apreensão; ele as considerava a força característica do sistema político norte-americano[69]. Os poucos capítulos que dedicou a elas são ainda de longe os melhores que existem na literatura não muito extensa sobre o assunto. As palavras com que os iniciou — "Em nenhum país do mundo o princípio de associação foi usado com maior sucesso ou foi aplicado numa maior variedade de objetivos do que nos Estados Unidos" — são tão verídicas hoje como há quase cento e cinqüenta anos; e assim também é com a conclusão que "nada... merece mais nossa atenção do que as associações morais e intelectuais dos EE.UU". Associações voluntárias não são partidos; são organizações *ad hoc* que perseguem objetivos a curto prazo e desaparecem quando o objetivo é atingido. Só no caso de prolongado fracasso e em aspirações de maior importância elas podem "constituir, de certo modo, uma nação isolada no seio da nação, um governo dentro do governo". (Isto aconteceu em 1861, cerca de trinta anos depois de Tocqueville ter escrito estas palavras, e poderia acontecer de novo; o desafio da legislatura de Massachussetts à política externa da administração é um claro aviso.) Por desgraça, sob as condições da sociedade de massa, especialmente nas grandes cidades, já não é mais verdade que o espírito das associações "preencha todo ato da vida social", e enquanto isto talvez tenha resultado num certo declínio, no elevado número de pessoas associáveis da população — os Babbitts, que são a versão especificamente americana do filisteu — a recusa, talvez bem-vinda, de formar associações "para os empreendimentos menores" é paga com um evidente declínio do apetite pela ação. Pois os norte-americanos ainda encaram a associação como "o único meio que têm para

---

(69) Todas as citações seguintes de Tocqueville são da *op. cit.* v. I, Cap. 12, e v. II, livro II, Cap. 5.

agir", e com razão. Os últimos anos mostraram, com as manifestações de massa em Washington organizadas quase sempre na hora, até que ponto inesperado as velhas tradições ainda estão vivas. Esta consideração de Tocqueville quase poderia ter sido escrita hoje: "Tão logo alguns dos habitantes dos Estados Unidos tenham acolhido uma opinião ou um sentimento que desejam promover no mundo", ou tenham descoberto alguma falha que queiram corrigir, "procuram por assistência mútua e, uma vez que tenham se encontrado uns aos outros, associam-se. *A partir deste instante, não são mais homens isolados mas um poder visto ao longe,* cujas ações servem de exemplo e cuja linguagem é ouvida". (O grifo é nosso.)

Minha discussão é que os contestadores civis não são mais que a derradeira forma de associação voluntária, e que deste modo eles estão afinados com as mais antigas tradições do país. O que poderia melhor descrevê-los do que as palavras de Tocqueville: "Os cidadãos que formam a minoria se associam antes de tudo para mostrar sua força numérica e, desta forma, reduzir o poder moral da maioria?" Por certo há muitos anos não se podem encontrar "associações morais e intelectuais" entre as associações voluntárias — que, ao contrário, parecem ter sido formadas unicamente para proteger interesses especiais, grupos de pressão e seus olheiros que os representavam em Washington. Não duvido de que a reputação dúbia dos olheiros seja merecida, assim como é freqüentemente muito bem merecida a reputação dúbia dos políticos deste país. Contudo, o caso é que os grupos de pressão são também associações voluntárias e são reconhecidos em Washington onde sua influência é suficientemente grande para serem chamados de "governo auxiliar"[70]; na verdade, o número de olheiros registrados excede de longe o número de congressistas[71]. Este reconhecimento público não é desprovido de importância, pois tal "assistência" estava tão prevista na constituição e sua Primeira Emenda quanto a liberdade de associação como forma de ação política[72].

(70) FRIEDRICH, Carl Joachim. *Constitutional Government and Democracy*. Boston, 1950. p. 464.
(71) CORWIN, Edward S. *Loc. cit.*
(72) Não duvido de que "a desobediência civil seja um procedimento válido para trazer uma lei, que se acredita ser injusta ou não-

Não há dúvida de que "o perigo da desobediência civil é elementar"[73], mas ele não é diferente nem maior que os perigos inerentes ao direito de livre associação, e estes Tocqueville não ignorava, não obstante sua admiração. (John Stuart Mill, na sua crítica do primeiro volume do *Democracy in America,* formulou a essência do pressentimento de Tocqueville: "A capacidade de cooperação para um propósito comum, antigamente um instrumento de poder monopolizado nas mãos das classes superiores, é agora um instrumento formidável nas mãos das classes baixas"[74].) Tocqueville sabia que "o controle tirânico que estas sociedades exercem é freqüentemente muito mais insuportável que a autoridade que o governo possui sobre a sociedade à qual elas atacam". Mas ele também sabia que "a liberdade de associação tornou-se uma garantia necessária contra a tirania da maioria"; que "um recurso perigoso é usado para remediar um perigo ainda mais terrível", e finalmente que, "é pelo usufruto de liberdades perigosas que os americanos aprendem a arte de tornar os perigos da liberdade menos terríveis". De todo modo, "se os homens vão continuar civilizados (ou vão se tornar civilizados), a arte de se associar uns com outros deve crescer e aperfeiçoar-se *na mesma proporção em que aumenta a igualdade de condições"* (o grifo é nosso).

Não precisamos entrar nos velhos debates sobre as glórias e os perigos da igualdade, o bem e o mal da democracia, para compreender que todos os demônios seriam soltos se o modelo de contrato original de associações — promessas mútuas com o imperativo moral *pacta sunt servanda* — se perdesse. Nas circunstâncias atuais isto poderia acontecer se estes grupos, como seus correlatos em outros países, substituíssem objetivos reais por compromissos ideológicos, políticos ou outros. Quando uma associação já não é mais capaz ou não mais deseja unir "em um só canal os esforços de mentes *divergentes* (Tocqueville), perdeu seu talento para a ação. O que ameaça o movimento estudantil, o principal grupo de desobediência civil no momento, não é

válida, para a corte ou diante do foro da opinião pública". A questão é apenas "... se este é realmente um dos direitos reconhecidos pela Primeira Emenda", nas palavras de HARROP A. FREEMAN, *op. cit.,* p. 25.
(73) PUNER, Nicholas W. *Op. cit.* p. 707.
(74) Reimpresso como Introdução à edição *Schocken Paperback* de Tocqueville, 1961.

apenas vandalismo, violência, mau temperamento e piores maneiras, mas a crescente infestação do movimento com ideologias (maoísmo, castrismo, stalinismo, marxismo-leninismo e outras), que na verdade cindem e dissolvem a associação.

Desobediência civil e associação voluntária são fenômenos praticamente desconhecidos em qualquer outro lugar. (A terminologia política que as envolve só se sujeita com muita dificuldade a traduções.) Muitas vezes se disse que o gênio do povo inglês está em alcançar seus objetivos de qualquer maneira, e que o gênio do povo norte-americano está em menosprezar considerações teóricas em favor da experiência pragmática e da ação prática. Isto é duvidoso; inegável contudo é que o fenômeno da associação voluntária tem sido negligenciado e que a noção de desobediência civil só recentemente recebeu a atenção que merece. Ao contrário do objetor de consciência, o contestador civil é membro de um grupo, e este grupo, quer o apreciemos ou não, é formado em conformidade com o mesmo espírito que animava as associações voluntárias. O maior erro do presente debate é, a meu ver, a suposição de que estamos tratando com indivíduos que se colocam subjetiva e conscientemente contra as leis e costumes da comunidade — suposição esta que é partilhada pelos defensores e detratores da desobediência civil. O caso é que estamos tratando com minorias organizadas, que se levantam contra maiorias supostamente inarticuladas, embora nada "silenciosas", e eu considero inegável que estas maiorias tenham mudado em ânimo e opinião num grau espantoso, sob a pressão das minorias. Quanto a isto, talvez tenha sido lamentável que nossos recentes debates tenham sido dominados em larga escala por juristas — advogados, juízes e outros homens da lei — pois para eles deve ser particularmente difícil reconhecer o contestador civil como membro de um grupo, ao invés de vê-lo como um transgressor individual e, deste modo, um réu em potencial na corte. É grandeza de procedimento da corte, estar sujeita a adjudicar para um indivíduo e ficar alheia a tudo mais — à *Zeitgeist* ou às opiniões que o réu talvez compartilhe com outros e tenta apresentar na corte. O único violador da lei não-criminoso que a corte reconhece é o objetor de consciência, e a única fidelidade a grupos contra a qual está acautelada é a chamada "conspiração" — um cuidado completamente equívoco nestes casos, já que a conspiração requer, não apenas "aspirações conjuntas", mas sigilo, e a desobediência civil ocorre em público.

Embora a desobediência civil seja compatível com o *espírito* das leis norte-americanas, as dificuldades em incorporá-la ao sistema legal norte-americano e justificá-la em termos puramente legais parecem ser proibitivas. Mas estas dificuldades decorrem da natureza da lei em geral e não do espírito especial do sistema legal norte-americano. Obviamente, "a lei não pode justificar a violação da lei", mesmo que esta violação aspire à prevenção da violação de outra lei[75]. É uma questão completamente diferente se acaso não fosse possível encontrar um nicho reconhecido para a desobediência civil nas nossas instituições de governo. Esta abordagem política do problema é fortemente sugerida pela recente negativa da Corte Suprema de rogatória a casos nos quais atos "ilegais e anticonstitucionais" do governo relativos à guerra do Vietnã foram contestados, porque a corte achou que estes casos envolviam a chamada "doutrina da questão política", segundo a qual certos atos dos outros dois poderes do governo, o legislativo e o executivo, "não são revisáveis nas cortes. O verdadeiro *status* e a natureza da doutrina estão em discussão", e toda a doutrina foi chamada de "um vulcão inativo que talvez esteja agora em vias de cumprir sua longa promessa de erupção em inflamada controvérsia"[76], mas pouca dúvida existe sobre a natureza destes atos sobre os quais a corte não deliberará e que são, deste modo, deixados fora de controle legal. Estes atos são caracterizados por sua "gravidade"[77] e por "uma necessidade incomum de fidelidade incondicional a uma decisão política já tomada"[78]. Graham Hughes, a quem muito devo pela sua excelente análise da doutrina da questão política, imediatamente acrescenta que "estas considerações... certamente parecem implicar *inter arma silent leges* e lançam dúvidas sobre o aforismo de que é uma Constituição que está sendo explanada". Em

---

(75) COHEN, Carl. *Op. cit.* p. 7.
(76) HUGHES, Graham. *Op. cit.* p. 7.
(77) ALEXANDER, M. Bickle, citado por HUGHES, *op. cit.*, p. 10.
(78) Decisão da corte no caso *Baker* versus *Carr*, citado por HUGHES, *Ibid.*, p. 11.

outras palavras, a doutrina política é na verdade o buraco pelo qual o princípio da soberania e a doutrina da razão de estado podem se infiltrar, de certo modo, para um sistema de governo que os renega em princípio[79]. Seja como for em teoria, os fatos reais sugerem que principalmente nos assuntos mais decisivos a Corte Suprema não tem mais poder que uma corte internacional: ambas são incapazes de impor decisões que firam decisivamente os interesses dos estados soberanos e ambas sabem que sua autoridade depende da prudência, isto é, em não levantar questões ou tomar decisões que não possam ser impostas.

O estabelecimento da desobediência civil entre nossas instituições políticas poderia ser o melhor remédio possível para a falha básica da revisão judicial. O primeiro passo seria obter o mesmo reconhecimento que é dado a inúmeros grupos de interesses especiais (grupos minoritários por definição) do país para as minorias contestadoras, e tratar os grupos de contestadores civis do mesmo modo que os grupos de pressão os quais através de seus representantes, os olheiros registrados, podem influenciar e "auxiliar" o Congresso por meio de persuasão, opinião qualificada e pelo número de seus constituintes. Estas minorias de opinião poderiam desta forma estabelecer-se como um poder que não fosse somente "visto ao longe" durante passeatas e outras dramatizações de seus pontos de vista, mas que estivesse sempre presente e fosse considerado nos negócios diários do governo. O próximo passo seria admitir publicamente que a Primeira Emenda não cobre nem em linguagem nem em espírito o direito de associação na forma como ele é realmente praticado neste país — este precioso privilégio cujo exercício tem de fato sido (como notou Tocqueville) "incorporado aos modos e costumes do povo" por séculos. Se há algo que exija urgentemente uma nova emenda constitucional e compense qualquer trabalho que se tenha é sem dúvida isto.

Talvez seja necessário uma emergência antes de podermos encontrar um lar para a desobediência civil, não somente na nossa linguagem política, mas também no

---

(79) Citando a observação anterior do Juiz James Wilson (de 1793): "Para a Constituição dos Estados Unidos, o termo soberania é totalmente desconhecido".

nosso sistema político. Emergências sempre estão por perto quando as instituições estabelecidas de um país deixam de funcionar adequadamente e sua autoridade perde o poder, e é tal emergência que transformou, nos Estados Unidos de hoje, a associação voluntária em desobediência civil e dissidência em resistência. É do conhecimento geral que esta situação de emergência latente ou aberta predomina hoje — e na verdade tem predominado já há algum tempo — em muitas partes do mundo; o que é novo é que este país já não é mais uma exceção. É incerto se nossa forma de governo sobreviverá a este século, mas também é incerto que não sobreviverá. Wilson Carey McWilliams sabiamente disse: "Quando fracassam as instituições, a sociedade política depende dos homens, e os homens são frágeis juncos propensos a aquiescer — se não a sucumbir — à iniqüidade"[80]. Desde que o Pacto do Mayflower foi redigido e assinado sob uma espécie diferente de emergência, as associações voluntárias têm sido o remédio especificamente americano para o fracasso das instituições, para a inidoneidade dos homens e para a incerta natureza do futuro. Diferentemente de outros países, esta república, a despeito do grande tumulto da mudança e do fracasso pelo qual está passando no presente, talvez ainda esteja de posse de seus tradicionais instrumentos para encarar o futuro com uma certa dose de confiança.

---

(80) *Op. cit.* p. 226.

DA VIOLÊNCIA

1

Estas reflexões foram causadas pelos eventos e debates dos últimos anos comparados com o *background* do século vinte, que se tornou realmente, como Lênin tinha previsto, um século de guerras e revoluções; um século daquela violência que se acredita comumente ser o denominador comum destas guerras e revoluções. Há, todavia, um outro fator na situação atual que, embora não previsto por ninguém, é pelo menos de igual importância. O desenvolvimento técnico dos implementos da violência chegou a tal ponto que nenhum objetivo político concebível poderia corresponder ao seu potencial destrutivo, ou justificar seu uso efetivo num conflito armado. Assim, a arte da guerra — desde tempos imemoriais o impiedoso árbitro final em disputas internacionais — perdeu muito de sua eficácia e quase todo seu fascínio. O "apocalíptico" jogo de xadrez entre as superpotências, ou seja, entre os que manobram no plano mais alto de nossa civilização, está sendo jogado segundo a regra "se qualquer um 'ganhar' é o fim de ambos"[1]; é um embate sem qualquer semelhança com os outros embates militares precedentes. Seu objetivo "racional" é intimidação e não vitória, e a corrida armamentista, já não sendo uma preparação para a guerra, só pode ser justificada agora pela idéia de que quanto mais intimidação houver maior é a garantia de paz. Como seremos capazes de nos desembaraçar deste ponto de vista tão obviamente maluco é uma pergunta sem resposta.

Como a violência — diferenciada de poder, força ou fortaleza — sempre necessita de *implementos,* como assinalou Engels tempos atrás[2], a revolução da tecnologia — uma revolução no fabrico de ferramentas — foi especialmente marcada na guerra. A essência da ação violenta é regida pela categoria meio-fim, que quando aplicada a questões humanas tem a característica de estar o fim sempre em perigo de ser sobrepujado pelos meios que ele justifica e que são necessários para atingi-lo. O fim da ação humana, em contraposição aos produtos finais de fabricação, nunca pode ser previsto com segurança; deste modo freqüentemente os meios utilizados para alcançar objetivos políticos são muitas vezes mais relevantes para o mundo futuro do que os próprios objetivos pretendidos.

Além disso, estando os resultados das ações dos homens além do controle dos que as praticam, a violência abriga dentro de si um outro elemento de arbitrariedade; em nenhum outro lugar a Fortuna, a casualidade, boa ou má, tem um papel mais fatídico em questões humanas do que no campo de batalha, e não basta chamá-la de "evento casual" ou julgá-la cientificamente suspeita para que desapareça esta intromissão do inesperado; nem adiantam simulações, *scripts,* teorias lúdicas e coisas assim, para eliminá-la. Não existe certeza nestes assuntos, nem mesmo uma derradeira certeza de destruição mútua sob certas circunstâncias cal-

---

(1) WHEELER, Harvey. "The Strategic Calculators". In: CALDER, Nigel. *Unless Peace Comes.* New York, 1968. p. 109.
(2) *Herrn Eugen Dührings Umwälzung der Wissenschaft* (1878), Parte II. Cap. 3.

culadas. O próprio fato de terem os aperfeiçoadores dos meios de destruição chegado afinal a um nível de desenvolvimento técnico no qual sua meta, ou seja, a guerra, também está em vias de desaparecer, graças aos meios colocados à sua disposição[3], é como uma lembrança irônica da onipresente imprevisibilidade que encontramos quando abordamos a questão da violência. A grande razão porque ainda existe guerra não é nem um secreto desejo de morte da espécie humana nem um irreprimível instinto de agressão nem, por último e mais plausivelmente, os sérios perigos econômicos e sociais inerentes ao desarmamento[4], mas simplesmente o fato de que ainda não apareceu um substituto no cenário político para o árbitro final em questões internacionais. Não estaria Hobbes certo quando disse: "Pactos sem espada são apenas palavras"?

Tampouco é provável que apareça um substituto enquanto estiverem identificados a independência nacional, isto é, a isenção de dominação estrangeira, e a soberania do Estado, isto é, a pretensão de total e ilimitado poder nas relações externas. (Os Estados Unidos da América estão entre os poucos países onde uma apropriada separação entre liberdade e soberania é possível pelo menos em teoria, enquanto isto não ameaçar as próprias bases da república norte-americana. Tratados externos, pela Constituição, são parte integrante da lei do país, e — como observou o Juiz James Wilson em 1793 — "o termo soberania, para a Constituição dos Estados Unidos, é completamente desconhecido". Mas os tempos de tão lúcido e altivo isolamento da linguagem tradicional e da estrutura conceitual política do estado-nação europeu, passaram há muito tempo; a he-

(3) Como assinala o General André Beaufre, em "Battlefields of the 1980s": Somente "nas partes do mundo não-atingidas pela intimidação nuclear" a guerra ainda é possível, e mesmo esta "guerra convencional", a despeito de seus horrores, já é realmente limitada pela sempre presente ameaça de escalada para a guerra nuclear. (Na op. cit. de CALDER. p. 3.)

(4) *Report from Iron Mountain*, New York, 1967, sátira ao modo de pensar da *Rand Corporation* e outros centros de assessoramento; está provavelmente mais próximo da realidade, com sua "tímida olhadela sobre a iminência da paz", do que muitos estudos "sérios". Seu argumento principal — a guerra é tão essencial para o funcionamento de nossa sociedade que não ousamos aboli-la a menos que se descubra modos ainda mais assassinos de conduzir nossos problemas — somente chocará os que esqueceram que a crise de desemprego da Grande Depressão só foi resolvida com o advento da Segunda Guerra Mundial, ou então os que convenientemente omitem ou questionam a extensão do desemprego latente presente, por detrás das várias formas de limitação da produção (*feather-bedding*).

rança da Revolução Americana está esquecida e o governo norte-americano penetrou de todos os modos na herança européia como se fosse patrimônio seu — esquecendo-se, por desgraça, de que o declínio do poderio europeu foi precedido e acompanhado de bancarrota política — a bancarrota do estado-nação e seu conceito de soberania.) Não é argumento contra a caducidade da guerra o fato de ela ainda ser a *ultima ratio* — a velha continuação da política por meios violentos — nas relações externas de países subdesenvolvidos, e não é nada consolador saber que só os pequenos países sem armas nucleares ou biológicas ainda podem realizá-la. Não é segredo para ninguém que aquele famoso evento casual pode mais facilmente aparecer nas partes do mundo onde o velho adágio "Não há alternativa para a vitória" retenha um alto grau de plausibilidade.

Nestas circunstâncias, há poucas coisas mais assustadoras do que o incrível crescimento do prestígio dos estrategistas com mentalidade científica nos Conselhos governamentais nas últimas décadas. O problema não é que eles tenham sangue frio suficiente para "pensar o impensável", mas justamente que eles não *pensam*. Em vez de se entregarem a esta atividade tão improcessável e fora de moda, eles operam com conseqüências de certas suposições hipoteticamente aceitas, sem serem capazes, no entanto, de provar suas hipóteses em ocorrências reais. A falha lógica destas interpretações hipotéticas de acontecimentos futuros é sempre a mesma: o que no início aparece como hipótese — com ou sem suas alternativas implícitas, dependendo do grau de sofisticação — se transforma imediatamente, depois de uns poucos parágrafos, num "fato" que por sua vez cria uma série de não-fatos similares com o resultado de tornar esquecido todo o caráter puramente especulativo de todo o empreendimento. Desnecessário seria dizer que isto não é ciência, mas pseudociência — "uma desesperada tentativa das ciências sociais e do comportamento", no dizer de Noam Chomsky, "de imitar os traços superficiais das ciências que realmente têm conteúdo intelectual significativo". Mas a mais óbvia e "profunda objeção a este tipo de teoria estratégica não é sua utilidade limitada, mas o perigo de nos levar a crer que temos uma compreensão dos eventos e um controle sobre seu fluxo, que na realidade não temos", como observou recentemente Richard N. Goodwin num artigo crítico que teve o raro mérito de descobrir o "humor inconsciente" característico de muitas destas pomposas teorias pseudocientíficas[5].

Eventos, por definição, são ocorrências que interrompem processos e procedimentos de rotina; somente num mundo onde nada de importante acontece poderia tornar-se realidade o sonho dos futurólogos. Previsões do futuro não são mais que projeções de processos e procedimentos automáticos do presente, isto é, projeções de ocorrências que provavelmente desvanecem se os homens não agem, ou quando nada de inesperado acontece; toda ação, qualquer que seja, e todo acidente, necessariamente destroem por completo o modelo em cuja estrutura a previsão decorre e se evidencia. (A efêmera observação de Proudhon, "A fecundidade do inesperado excede de longe a prudência do estadista", felizmente ainda é verdade. E excede ainda mais claramente os cálculos dos peritos.) Chamar estes acontecimentos inesperados, imprevistos e imprevisíveis de "eventos casuais" ou de "últimos suspiros do passado", condenando-os à irrelevância ou à famosa "lata de lixo da história", é uma velha trapaça; a trapaça sem dúvida ajuda a esclarecer a teoria, mas ao preço de afastá-la cada vez mais da realidade. O perigo é que estas teorias não somente são plausíveis, pois retiram sua evidência de tendências atuais realmente discerníveis, mas também que, por causa de sua solidez interior, possuem um efeito hipnótico; põem a dormir nosso bom senso, que outra coisa não é senão nosso órgão mental de percepção, compreensão e trato com a realidade e o concreto.

Ninguém ocupado em pensar sobre história e política pode ficar alheio ao imenso papel que a violência sempre desempenhou nos assuntos humanos, e à primeira vista é surpreendente como tal violência é raramente escolhida para considerações especiais[6]. (Na última edição da *Enciclopédia das Ciências Sociais,* "violência" nem sequer ameaça constar.) Isto mostra até

---

(5) CHOMSKY, Noam. *American Power and the New Mandarins,* New York, 1969; crítica de Richard N. Goodwin ao *Arms and Influence* de THOMAS C. SCHELLING, Yale, 1966, em *The New Yorker,* 17 de fevereiro de 1968.

(6) Existe, é claro, uma vasta literatura sobre a guerra e a arte da guerra, mas tratam dos implementos da violência e não da violência em si.

que ponto a violência e suas arbitrariedades têm sido levadas em conta, e conseqüentemente, como têm sido negligenciadas; não se interroga ou investiga o que é evidente para todos. Os que viam somente violência nos assuntos humanos, convencidos de que sempre eram "casuais, pouco sérios e imprecisos" (Renan) ou convencidos de que Deus sempre estava com o batalhão maior, não tinham mais nada a dizer sobre violência ou história. Qualquer pessoa, procurando por alguma espécie de sentido nos registros do passado, era quase obrigada a ver a violência como um fenômeno marginal. Quer seja Clausewitz, chamando a guerra de "continuação da política por outros meios", ou Engels, definindo a violência como o acelerador do desenvolvimento econômico[7], a ênfase está na continuidade política ou econômica, na continuidade de um processo que fica determinado por aquilo que precedeu a ação violenta. Desta forma, estudiosos de relações internacionais consideravam até recentemente que "era uma máxima que uma resolução militar discordante das fontes culturais mais profundas do poder nacional não poderia ser estável", e que, nas palavras de Engels, "onde quer que a estrutura de poder de um país conflite com seu desenvolvimento econômico" é o poder político com seus meios violentos que será derrotado[8].

Hoje em dia todas estas afirmações sobre a relação entre guerra e política ou entre violência e poder tornaram-se inaplicáveis. A Segunda Guerra Mundial não foi seguida de paz, mas da guerra fria e do estabelecimento do complexo trabalhista-industrial-militar. Considerar "a prioridade do potencial bélico como a principal força estrutural da sociedade", sustentar que "sistemas econômicos, filosofias políticas e *corpora juris* ampliam e auxiliam o sistema de guerra, e não o contrário", concluir que "a guerra em si é o sistema social básico dentro do qual outros modos secundários de organização social conflitam ou conspiram" — tudo isto soa mais plausível que as fórmulas do século XIX de Engels e Clausewitz. Mais conclusivo mesmo que a simples inversão proposta pelo autor anônimo de *Report From Iron Mountain* — em vez da guerra ser "uma extensão da diplomacia (ou da política, ou da procura

---

(7) Ver ENGELS, *op. cit.*, Parte II, Cap. 4.
(8) WHEELER, *op. cit.*, p. 107; ENGELS, *Ibidem.*

de objetivos econômicos)", a paz é a continuação da guerra por outros meios — é o desenvolvimento real nas técnicas da arte da guerra. Como diz o físico russo Sakharov, "uma guerra termo-nuclear não pode ser considerada uma continuação da política por outros meios (conforme a fórmula de Clausewitz). Seria um meio de suicídio universal"[9].

Sabemos, além disso, que "algumas armas poderiam eliminar todas as outras fontes de poderio nacional em alguns segundos"[10]; que foram criadas armas biológicas as quais capacitariam "pequenos grupos de indivíduos... a virar a balança estratégica" e seriam bastante baratas para serem produzidas por "nações impossibilitadas de desenvolver forças nucleares de ataque"[11]; que "dentro de poucos anos" soldados robôs tornarão os "soldados humanos completamente obsoletos"[12], e que, por fim, na guerra convencional os países pobres são muito menos vulneráveis que as grandes potências justamente por serem "subdesenvolvidos", e por ser a superioridade técnica "mais uma deficiência que um recurso" na guerra de guerrilhas[13]. Todas estas novidades desconcertantes demonstram uma completa inversão na relação entre poder e violência, esboçando uma outra inversão no relacionamento futuro entre pequenas e grandes potências. A reserva de violência à disposição de um determinado país logo poderá deixar de ser uma indicação segura da força do país ou uma garantia segura contra destruição por potências substancialmente menores e mais fracas. Isto tem uma funesta semelhança com uma das mais antigas percepções da ciência política, isto é, que o poder não pode ser medido em termos de prosperidade, que a prosperidade excessiva pode desgastar o poder, que as riquezas são especialmente perigosas para o poder e bem-estar das repúblicas — uma percepção que não perde em validade por ter sido esquecida, especialmente numa época em que sua exatidão ganhou uma nova dimensão de validade por ter se tornado aplicável também ao arsenal da violência.

---

(9) SAKHAROV, Andrei D. *Progress, Coexistence, and Intellectual Freedom*. New York, 1968. p. 36.
(10) WHEELER, *ibidem*.
(11) CALDER, Nigel. "The New Weapons". In: *Op. cit.*, p. 239.
(12) THRING, M. W. "Robots on the March". In: CALDER. *Op. cit.* p. 169.
(13) DEDIJER, Vladimir. "The Poor Man's Power". In: CALDER. *Op. cit.* p. 29.

Por mais que a violência tenha se tornado um instrumento incerto e dúbio em relações internacionais, ganhou reputação e simpatia em assuntos domésticos, especialmente no que trata de revoluções. A poderosa retórica marxista da Nova Esquerda coincide com o resoluto crescimento da convicção proclamada por Mao Tsé Tung, sem nada a ver com Marx, de que "o poder nasce do cano de um fuzil". Naturalmente Marx conhecia o papel da violência na história, mas para ele era um papel secundário; o que traria o fim da velha sociedade não era a violência, mas as contradições inerentes a esta sociedade. O surgimento de uma nova sociedade seria precedido, mas não causado, por violentas insurreições as quais ele comparou às dores do parto, que precedem, mas obviamente não causam, o nascimento orgânico. Da mesma forma, ele considerava o estado como um instrumento de violência sob o comando da classe dominante; mas o verdadeiro poder da classe dominante não consistia de violência nem se fiava nela. Era explicado pelo papel que a classe dominante desempenhava na sociedade, ou mais exatamente, pelo papel desta no processo de produção. Tem sido muito notado, e algumas vezes deplorado, o fato de que a esquerda revolucionária, sob a influência dos ensinamentos de Marx, excluiu o uso dos métodos violentos; a "ditadura do proletariado" — francamente repressiva nos escritos de Marx — viria após a revolução e deveria, como a ditadura romana, durar um período estritamente limitado. O assassínio político, a menos de alguns poucos atos de terror individual perpetrados por pequenos grupos de anarquistas, era principalmente uma prerrogativa da direita, enquanto levantes armados organizados constituíam especialidade dos militares. A esquerda estava convencida de que "toda conspiração não somente é inútil mas também prejudicial. Eles (sabiam) muito bem que revoluções não são feitas intencional e arbitrariamente, mas que sempre foram, em toda parte, o resultado necessário de circunstâncias inteiramente independentes da vontade ou da orientação de partidos específicos ou classes"[14].

(14) Devo esta antiga observação de Engels, num manuscrito de 1847, ao *Hegel und die marxistische Staatslehre*, de JACOB BARIÒN, Bonn, 1963.

Ao nível da teoria havia algumas exceções. Georges Sorel, que no começo do século tentou associar o marxismo com a filosofia bergsoniana de vida — o resultado, ainda que num nível bem mais baixo de sofisticação, é estranhamente semelhante à conhecida amálgama de Sartre do existencialismo com o marxismo — considerava a luta de classes em termos militares; terminou propondo algo tão violento como o mito da greve geral, uma forma de ação que hoje diríamos pertencer ao arsenal da política da não-violência. Há cinqüenta anos atrás, esta modesta proposta valeu-lhe a reputação de fascista, não obstante seu entusiástico apoio a Lênin e à revolução russa. Sartre, que no seu prefácio de *Os Condenados da Terra*, de Fanon, vai muito mais longe na glorificação da violência que Sorel, no seu famoso *Reflexões sobre a Violência* — mais longe mesmo que o próprio Fanon, cuja argumentação ele pretende usar na sua conclusão — ainda menciona "as elocuções fascistas de Sorel". Isto mostra até que ponto Sartre ignora seu desacordo básico com Marx na questão da violência, especialmente quando afirma que "violência irreprimível... é o homem recriando a si mesmo", que é através de "fúria demente" que os "condenados da Terra" podem "tornar-se homens". Estas idéias todas são muito singulares, pois a idéia do homem criando-se a si mesmo está rigorosamente na tradição de pensamento de Hegel e Marx; é a própria base de todo humanismo esquerdista. Mas segundo Hegel, o homem "produz" a si mesmo através do pensamento[15], enquanto que para Marx, que virou o "idealismo" de Hegel de cabeça para baixo, é o trabalho, a forma humana de metabolismo com a natureza, que cumpre esta função. E ainda que se possa argumentar que todos os conceitos de homem criando a si mesmo possuem em comum uma revolta contra a própria fatalidade da condição humana — nada é mais óbvio do que o fato de o homem, seja como membro da espécie ou como indivíduo, *não* dever sua existência a si mesmo — e que, portanto, o que Sartre, Marx e Hegel têm em comum é mais relevante do que atitudes particulares através das quais possivelmente tenha ocorrido este não-fato, ainda

---

(15) É muito sugestivo que Hegel fale neste contexto de *"Sichselbstproduzieren"*. Ver *Vorlesungen über die Geschichte der Philosophie*, edição Hoffmeister, p. 114, Leipzig, 1938.

assim não se pode negar que há um abismo separando as atividades essencialmente pacíficas de trabalhar e pensar de toda e qualquer ação violenta. "Matar um europeu é matar dois coelhos com uma só cajadada... jazem lá um homem morto e um homem livre", diz Sartre em seu prefácio. Uma sentença que Marx não poderia jamais ter escrito[16].

Citei Sartre para mostrar que a nova tendência para a violência no modo de pensar dos revolucionários pode ficar desapercebida até mesmo por um dos seus mais representativos e expressivos porta-vozes[17], o que é digno de nota por não se tratar evidentemente de nenhuma idéia abstrata na história das idéias. (Quando se vira o *conceito* "idealista" de pensamento de cabeça para baixo, pode-se chegar ao conceito materialista de trabalho; nunca se chega à noção de violência.) Sem dúvida tudo isto tem a sua própria lógica, mas é uma lógica que brota da experiência, e esta experiência era completamente desconhecida para qualquer geração anterior.

O *pathos* e o *élan* da Nova Esquerda, suas credibilidades, de certo modo estão intimamente ligados ao fantástico desenvolvimento suicida das armas modernas; esta é a primeira geração a crescer à sombra da bomba atômica. Eles herdaram da geração de seus pais a experiência de uma maciça intromissão da violência criminosa na política: eles aprenderam nos colégios e universidades sobre os campos de extermínio e concentração, sobre genocídio e tortura[18], sobre a indiscriminada matança de civis na guerra, que não pode deixar de ocorrer em operações militares modernas, mesmo quando restringidas a armas "convencionais". A primeira reação deles foi de retração contra qualquer forma de violência; um casamento quase natural com a política da não-violência. Os enormes sucessos deste movimento, especialmente no campo dos direitos civis, foram imitados pelo movimento de resistência contra a guerra do Vietnã, que se tornou um importante fator na determinação do clima de opinião deste país. Mas não é segredo que as coisas mudaram desde então, que os adep-

---

(16) Ver apêndice I, p. 185.
(17) Ver apêndice II, p. 185.
(18) NOAM CHOMSKY observa corretamente entre os motivos para a rebelião aberta, a recusa "em se alinhar ao 'bom alemão', que todos aprendemos a desprezar". *Op. cit.* p. 368.

tos da não-violência estão na defensiva, e seria fútil dizer que somente os "extremistas" estão cedendo à glorificação da violência e descobriram, como os camponeses argelinos de Fanon, que "só a violência compensa"[19].

Os novos militantes foram denunciados como anarquistas, niilistas, fascistas vermelhos, nazistas e, com bem mais propriedade, "destruidores de máquinas Luddite"[20], e os estudantes replicaram com *slogans* igualmente sem sentido: "estado policial" ou "fascismo latente do fim do capitalismo" e, com bem mais propriedade, "sociedade de consumo"[21]. Todos os fatores sociais e psicológicos foram culpados pelo comportamento destes — muita permissividade em sua educação nos Estados Unidos e uma reação explosiva contra o excesso de autoridade na Alemanha e Japão, falta de liberdade na Europa Oriental e muita liberdade no Ocidente, a desastrosa falta de trabalho para estudantes de sociologia na França e a superabundância de carreiras em quase todos os campos nos Estados Unidos — parecendo tudo isto bastante plausível no local, mas claramente contradito pelo fato de ser a rebelião estudantil um fenômeno global. Um denominador comum Social do movimento parece fora de cogitação, mas é verdade que psicologicamente esta geração se caracteriza em toda parte pela mais pura coragem, um espantoso desejo de ação e uma não menos espantosa confiança na possibi-

---

(19) FANON, Frantz. (1961), ed. Grove Press, 1968, p. 61. Utilizo este livro por causa de sua grande influência na atual geração de estudantes. O próprio Fanon, contudo, é muito mais ambíguo em relação à violência do que seus admiradores. Parece que só o primeiro capítulo do livro, *Concerning Violence*, foi largamente lido. Fanon conhece a "brutalidade pura e total (que) se não é imediatamente combatida, leva invariavelmente à derrota do movimento em poucas semanas" (p. 147).
Em relação à recente escalada da violência no movimento estudantil, ver a instrutiva série "Gewalt" na revista noticiosa alemã *Der Spiegel* (10 de fevereiro de 1969 e ss.) e a série "Mit dem Latein am Ende" (n.os 26 e 27, 1969).
(20) Ver apêndice III, p. 187.
(21) Este último epíteto faria sentido se considerado descritivamente. Atrás dele, contudo, permanece a ilusão da sociedade de Marx de produtores livres, a liberação das forças produtoras da sociedade, que na verdade foi realizada pela ciência e pela tecnologia e não pela revolução. Esta liberação, além disso, não é acelerada, mas seriamente retardada em todos os países que passaram por uma revolução. Em outras palavras, por trás da sua denúncia do consumo está a idealização da produção, e com ela, a velha idolatria da produtividade e da criatividade. "A alegria da destruição é uma alegria criativa" — sim, realmente, acreditando-se que "a alegria do trabalho" é produtiva; a destruição é um dos poucos "trabalhos" que podem ser feitos por implementos comuns sem a ajuda de máquinas, embora as máquinas façam o serviço, é claro, muito mais eficientemente.

lidade de mudança[22]. Mas estas qualidades não são causas, e se alguém perguntar o que realmente produziu uma transformação tão inesperada nas universidades de todo o mundo, parece absurdo ignorar o fator mais óbvio e talvez o mais poderoso, para o qual não existe precedente nem analogia — o simples fato de que o "progresso" tecnológico está levando, em muitos casos, direto ao desastre[23]; as ciências ensinadas e estudadas por esta geração parecem não somente incapazes de desfazer as desastrosas conseqüências de sua própria tecnologia, mas chegaram a um ponto tal em seu desenvolvimento que "qualquer droga de coisa que se faça pode se transformar em guerra"[24]. (Por certo nada é mais importante para a integridade das universidades — que o dizer do Senador Fulbright traíram a confiança pública quando se tornaram dependentes dos projetos de pesquisa financiados pelo governo[25] — do que um divórcio rigorosamente observado de pesquisas orientadas para a guerra e quaisquer empreendimentos afins; mas seria ingênuo supor que isto mudaria a natureza da ciência moderna ou impediria o afã da guerra, e igualmente ingênuo seria negar que a limitação resultante bem poderia levar a uma queda dos padrões das universidades[26]. A única coisa a que este divórcio não levaria seria a retirada geral dos fundos federais, pois como observou recentemente Jerome Lettvin, do M.I.T., "O governo não pode deixar de nos apoiar"[27], assim como as universidades não podem deixar de aceitar fundos federais; mas isto apenas signifi-

---

(22) Tal apetite pela ação é especialmente notável em empreendimentos pequenos e relativamente inofensivos. Os estudantes fizeram greve com sucesso contra as autoridades do campus, que pagavam os empregados da cantina e da conservação abaixo do mínimo legal. A decisão dos estudantes de Berkeley de se unirem à luta pela transformação de um lote vazio da universidade em um "Parque do Povo" pode ser considerada um desses empreendimentos, muito embora tenha provocado a pior reação até então das autoridades. Julgando a partir do incidente de Berkeley, parece que exatamente estas ações "não-políticas" é que unem o corpo estudantil numa vanguarda radical. "Um referendo estudantil, que viu o maior comparecimento na história do voto estudantil, obteve 85% dos quase 15 000 votos, favoráveis ao uso do lote" como um parque do povo. Ver o excelente relato de SHELDON WOLIN e JOHN SCHAAR. Berkeley: The Battle of People's Park. *New York Review of Books*, 19 de junho de 1969.
(23) Ver apêndice IV, p. 188.
(24) Jerome, LETTVIN do M.I.T., no *New York Times Magazine*, de 18 de maio de 1969.
(25) Ver apêndice V, p. 189.
(26) A constante transferência da pesquisa básica das universidades para os laboratórios de indústrias é muito significativo e característico.
(27) Loc. cit.

ca que elas "precisam aprender a esterilizar o apoio financeiro" (Henry Steele Commager); uma tarefa difícil, mas não impossível, tendo em vista o enorme crescimento do poder das universidades nas sociedades modernas.) Resumindo, a aparentemente irresistível políferação de técnicas e máquinas, longe de apenas ameaçar algumas classes com o desemprego, ameaça a existência de nações inteiras e, supostamente, de toda a espécie humana.

É natural que a nova geração viva com maior consciência da possibilidade do Juízo Final do que os que têm "mais de trinta"; não porque sejam mais novos, mas porque esta foi sua primeira experiência decisiva no mundo. (O que são "problemas" para nós "está incrustado na carne e no sangue dos jovens"[28].) Quando se pergunta a um membro desta geração estas coisas corriqueiras: "Como você quer que o mundo seja daqui a 50 anos?" e "Com o que você quer que sua vida se assemelhe daqui a 5 anos?", as respostas quase sempre são precedidas de "Considerando que ainda haja mundo" ou "Considerando que eu ainda esteja vivo". Conforme as palavras de George Wald, "estamos nos defrontando com uma geração que não está de modo algum segura de ter um futuro"[29]. Porque o futuro, como o coloca Spender, é "como uma bomba relógio enterrada, mas funcionando, no presente". À freqüente pergunta: "Quem são eles, esta nova geração?" pode-se muito bem responder: Os que ouvem o tique-taque da bomba. E àquela outra pergunta: "Quem são estes que os negam por completo?" bem se poderia responder: Os que não conhecem, ou se recusam a encarar, as coisas como elas são.

A rebelião estudantil é um fenômeno global, mas suas manifestações variam grandemente, é claro, de país para país e mesmo de universidade para universidade. Isto acontece especialmente na prática da violência. A violência se tornou antes uma questão de retórica e teoria nos lugares onde o conflito de gerações não coincidia com o conflito de interesses tangíveis de grupos. Coincidiam na Alemanha, onde as faculdades particulares tinham interesses investidos em conferências e semi-

---

(28) SPENDER, Stephen. *The Year of the Young Rebels*. New York, 1969, p. 179.
(29) WALD, George. In: *The New Yorker*, 22 de março de 1969.

nários superlotados. Nos Estados Unidos, o movimento estudantil era seriamente radicalizado sempre que a polícia e a brutalidade policial intervinham em manifestações essencialmente não-violentas: tomadas de edifícios administrativos, *sit-ins*, etc. A violência séria só entrou em cena com o aparecimento do movimento Poder Negro nos recintos universitários. Estudantes negros, a maioria dos quais admitidos sem qualificação acadêmica, se consideravam e se organizavam como um grupo de interesses — os representantes da comunidade negra. Seu interesse era abaixar os padrões acadêmicos. Eram mais cautelosos que os rebeldes brancos, mas ficou claro desde o início (antes mesmo dos incidentes na Cornell University e no City College de New York) que a violência não era para eles uma questão de retórica e teoria. Além disso, enquanto a rebelião estudantil nos países ocidentais não pode, em lugar nenhum, contar com apoio popular fora das universidades e, via de regra, encontra franca oposição quando emprega meios violentos, existe uma ampla minoria da comunidade negra que sustenta a violência verbal ou real dos estudantes negros[30]. A violência negra pode ser entendida como análoga à violência trabalhista nos Estados Unidos de uma geração atrás; e embora, que eu saiba, somente Staughton Lynd tenha esboçado explicitamente a analogia entre conflitos trabalhistas e rebelião estudantil[31], parece que a instituição acadêmica, na sua curiosa tendência de ceder mais às exigências dos negros, ainda que sejam abertamente ultrajantes e tolas[32], do que às reivindicações desinteressadas e por vezes altamente morais dos rebeldes brancos, também pensa nestes termos e se sente mais à vontade quando se confronta com interesses, com violência, do que quando é uma simples questão de "democracia participante" não-violenta. A submissão das autoridades universitárias às exigências dos negros tem sido explicada pelo "sentimento de culpa" da comunidade branca; eu considero mais provável que os docentes, a administração e os Conselhos estejam bastante conscientes da óbvia veracidade de uma conclusão do documento oficial: *Relatório sobre a violência nos Estados Unidos*: "Força e

(30) Ver apêndice VI, p. 190.
(31) Ver apêndice VII, p. 191.
(32) Ver apêndice VIII, p. 191.

violência podem ser técnicas bem-sucedidas de controle e persuasão social quando têm amplo apoio popular"[33].

A recente inegável glorificação da violência pelo movimento estudantil tem uma peculiaridade curiosa. Enquanto a retórica dos novos militantes é claramente inspirada em Fanon, seus argumentos teóricos não contêm quase nada além de uma mixórdia de todos os tipos de sobras marxistas. Isto é muito frustrante para quem já tenha lido Marx ou Engels. Quem poderia chamar uma ideologia de marxista se ela coloca sua fé em "vagabundos desclassificados", se acredita que "a revolução encontrará no *lumpenproletariat* sua ponta de lança urbana", e se confia que "os *gangsters* iluminarão o caminho para o povo"[34]? Sartre com sua grande habilidade com palavras deu expressão à nova fé. "Violência, como a lança de Aquiles, pode cicatrizar as feridas que inflige", diz ele agora, sobre a força do livro de Fanon. Se isto fosse verdade a vingança seria a panacéia para muitos de nossos males. Este mito é mais abstrato e mais afastado da realidade do que jamais o foi o mito de Sorel da greve geral. Emparelha com os piores excessos retóricos de Fanon, tais como "fome com dignidade é preferível ao pão comido em escravidão". Não é necessário nem história nem teoria para refutar esta afirmação; o mais superficial observador dos processos que se passam no corpo humano conhece sua inverdade. Mas caso ele tivesse dito que pão comido com dignidade é preferível ao bolo comido em escravidão, teria desaparecido o tom retórico.

Lendo estas afirmações grandiosas e irresponsáveis — estas que citei são bem representativas a não ser pelo fato de que Fanon ainda procura estar mais perto da realidade do que muitos outros — e considerando-as sob a perspectiva do que conhecemos da história das rebeliões e revoluções, é tentador negar seus significados e atribuí-las a uma moda passageira, ou atribuí-las à ignorância e nobreza de sentimentos de pessoas expostas a eventos e evoluções sem precedentes e sem meios para manuseá-los mentalmente, e que revivem assim, curiosamente, a mentalidade e as emoções que Marx pretendeu afastar de uma vez por todas da revolução.

(33) Ver o relatório da *Comissão Nacional para as Causas e Prevenção da Violência*, junho de 1969, citado do *New York Times* de 6 de junho de 1969.
(34) FANON, *op. cit.*, pp. 130, 129 e 69, respectivamente.

Quem jamais duvidou que o violado sonha com a violência, que o oprimido "sonha, pelo menos uma vez ao dia, em colocar-se" no lugar do opressor, que o pobre sonha com as posses do rico, o perseguido em trocar "o papel de caça pelo de caçador", e os últimos do reino onde "os últimos serão os primeiros e os primeiros os últimos"[35]? O caso é que, como Marx percebeu, os sonhos nunca viram realidade[36]. A escassez de rebeliões de escravos e de levantes entre deserdados e oprimidos é notável; nas poucas ocasiões em que ocorreram foi precisamente a "fúria demente" que transformou os sonhos em pesadelos para todos. Em nenhum caso, que eu saiba, a força destas erupções "vulcânicas" era "igual à da pressão sobre elas", como diz Sartre. Identificar os movimentos de libertação nacional com tais erupções é predizer a destruição deles — sem considerar que a improvável vitória não resultaria em mudança do mundo (ou do sistema) mas somente de pessoas. Pensar, finalmente, que existe alguma coisa assim como uma "Unidade do Terceiro Mundo" para a qual se poderia endereçar o novo *slogan* da era da descolonização: "Povos de todos os países subdesenvolvidos, uni-vos!" (Sartre) é repetir as piores ilusões de Marx numa escala muito ampliada e com bem menos justificativa. O Terceiro Mundo não é uma realidade mas uma ideologia[37].

A questão continua sendo por que tantos dos novos apologistas da violência ignoram seu decisivo desacordo com os ensinamentos de Karl Marx, ou colocando de outra forma, por que se apegam com tenacidade tão obcessiva a conceitos e doutrinas que não somente foram refutados pelo desenvolvimento dos fatos, mas que também são claramente incompatíveis com suas próprias políticas. O único *slogan* político positi-

(35) FANON. *Op. cit.* pp. 37, ss. e 53.
(36) Ver apêndice IX, p. 192.
(37) Os estudantes apanhados entre as duas superpotências e igualmente desiludidos com o Leste e o Oeste, "inevitavelmente procuram uma terceira ideologia, na China de Mao ou em Cuba de Castro". (SPENDER, *op. cit.* p. 92.) Seus apelos a Mao, Castro, Che Guevara e Ho Chi Minh, são como exorcismos pseudo-religiosos por salvadores de outro mundo; eles também apelariam para Tito se a Iugoslávia estivesse um pouco mais longe e fosse menos acessível. O caso é diferente com o movimento do Poder Negro; seu comprometimento ideológico com a não-existente "Unidade do Terceiro Mundo" não é pura tolice romântica. Eles têm um interesse claro numa dicotomia branco-negro; isto, é claro, também é mero escapismo — uma fuga para um mundo de sonhos onde os negros constituíssem uma esmagadora maioria da população do mundo.

vo que o novo movimento propôs, o clamor por uma "democracia participante", que ecoou por todo o mundo e constitui o mais significativo denominador comum das rebeliões de Leste a Oeste, vem do melhor da tradição revolucionária — o sistema de conselho, o resultado sempre derrotado, mas o único autêntico de todas as revoluções desde o século dezoito. Mas não se encontra nenhuma referência a este objetivo nos ensinamentos de Marx ou Lênin, nem em palavras nem em substância, pretendendo ambos, ao contrário, uma sociedade na qual a necessidade da ação e da participação do povo nos assuntos públicos tivesse "desaparecido"[38] junto com o estado. Em conseqüência de uma curiosa timidez em assuntos teóricos, estranhamente contrastante com uma arrojada coragem na prática, o *slogan* da Nova Esquerda permaneceu num estágio declamatório para ser invocado inarticuladamente contra a democracia representativa Ocidental (que está em vias de perder até mesmo sua função representativa para as enormes máquinas dos partidos que não "representam" seus filiados, mas seus funcionários) e contra as burocracias unipartidárias do Leste, que excluem participação em princípio.

Ainda mais surpreendente nesta estranha lealdade ao passado é o aparente desconhecimento da Nova Esquerda da amplitude do conflito entre o caráter moral da rebelião — agora amplamente aceito[39] — e sua

(38) Parece que Marx e Lênin podem ser acusados de tal inconsistência. Marx não glorificou a Comuna de Paris de 1871?, e Lênin não queria dar "todo o poder aos *soviéticos*"? Mas para Marx, a comuna não era mais que um órgão transitório de ação revolucionária, "uma alavanca para arrancar as fundações econômicas do... domínio de classe", que Engels corretamente identificou com a igualmente transitória "ditadura do proletariado". (MARX, Karl & ENGELS, F. "The Civil War in France". In: *Selected Works*. Londres, 1950. v. I, pp. 474 e 440, respectivamente.) O caso de Lênin é mais complicado. De qualquer modo, foi Lênin quem castrou os *soviéticos* e deu todo o poder ao partido.
(39) "Sua idéia revolucionária", como afirma SPENDER (*Op. cit.*, p. 114) "é paixão moral". NOAM CHOMSKY cita fatos (*Op. cit.*, p. 368): "A realidade é que a maior parte dos mil certificados de recrutamento e outros documentos mandados para o Departamento de Justiça em 20 de outubro (1967) vieram de homens que poderiam escapar do serviço militar, mas que insistiram em partilhar da sorte dos menos privilegiados". E assim também era em todas as manifestações de resistentes ao recrutamento e nos *sit-ins* nas universidade e colégios. A situação em outros países é semelhante. O *Der Spiegel* descreve, por exemplo, as situações frustrantes e muitas vezes humilhantes dos pesquisadores na Alemanha: "Angesichts dieser Verhältnisse nimmt es geradezu wunder, dass die Assistenten nicht in der vordersten Front der Radikalen stehen". (23 de junho de 1969, p. 58.) É sempre a mesma história: grupos de interesse não se unem aos rebeldes.

retórica marxista. Na verdade, a respeito do movimento nada é mais espantoso do que seu desprendimento: Peter Steinfelds, num notável artigo sobre a "revolução francesa de 1968" em *Commonweal* (26 de julho de 1968), estava certo quando escreveu: "Péguy podia ter sido um patrono apropriado para a revolução cultural, com seu escárnio pelo mandarinato da Sorbonne (e) sua fórmula: 'A revolução social será moral ou não se realizará' ". Por certo, todo movimento revolucionário tem sido guiado por abnegados, motivados por compaixão ou por paixão à justiça, e isto naturalmente também é verdade para Marx e Lênin. Mas Marx, como sabemos, tinha banido quase que efetivamente estas "emoções" — quando hoje o *establishment* repudia argumentos morais por "emotivos" está muito mais perto da ideologia marxista do que os rebeldes — e tinha resolvido o problema dos líderes "abnegados" com a idéia de que eles eram a vanguarda da humanidade, encarnando os interesses fundamentais da história humana[40]. Contudo, eles também tiveram primeiro que esposar os interesses não-especulativos e realistas da classe dos trabalhadores e identificar-se com eles; isto lhes deu um firme equilíbrio fora da sociedade. E era isto o que faltava aos rebeldes modernos desde o início e foram incapazes de achar, a despeito da desesperada busca de aliados fora das universidades. A hostilidade dos trabalhadores em todos os países é um fato registrado[41] e nos Estados Unidos a completa ausência de cooperação por parte do movimento Poder Negro, cujos estudantes estão mais firmemente arraigados em sua comunidade e, portanto, numa melhor posição para barganhar nas universidades, foi a mais amarga decepção para os rebeldes brancos. (Se foi um ato inteligente da parte do pessoal do Poder Negro recusar-se a desempenhar o papel de proletariado nas mãos de líderes "abnegados" de outra cor é uma outra questão.) Não é de surpreender que agora na Alemanha, o velho lar do movimento jovem, um grupo de estudantes proponha

(40) Ver apêndice X, p. 192.
(41) A Tchecoslováquia parece ser uma exceção. Contudo, o movimento de reformas pelo qual os estudantes lutaram nas primeiras filas era apoiado pela nação inteira, sem qualquer distinção de classe. Marxisticamente falando, os estudantes lá, e provavelmente em todos os países do Leste, têm demasiado, ao invés de reduzido, apoio da comunidade para se ajustar ao modelo marxista.

alistar "todos os grupos organizados de jovens" em suas fileiras[42]. O absurdo desta proposta é óbvio.

' Não sei bem qual será eventualmente a explicação destas incongruências; mas suspeito que a razão mais profunda para esta lealdade com uma doutrina típica do século dezenove tenha algo a ver com o conceito de Progresso, com uma relutância em desfazer-se de uma idéia que costumava unir liberalismo, socialismo e comunismo na "esquerda" mas que em nenhum lugar atingiu o nível de plausibilidade e sofisticação que encontramos nos escritos de Karl Marx. (A incongruência sempre foi o calcanhar de Aquiles do pensamento liberal, que associava uma resoluta lealdade ao Progresso com uma não menos rigorosa recusa em glorificar a história em termos marxistas e hegelianos, o que bastaria para justificá-lo e garanti-lo.)

A idéia de que existe algo assim como progresso da humanidade como um todo era desconhecida até o século dezessete. No século dezoito tornou-se uma opinião bastante comum entre os *hommens de lettres,* e tornou-se um dogma quase universalmente aceito no século dezenove. Mas a diferença entre as idéias primitivas e o estágio final é decisiva. O século dezessete, melhor representado nestes aspectos por Pascal e Fontenelle, considerava o progresso em termos de acumulação de conhecimento através dos séculos, enquanto que para o século dezoito a palavra implicava numa "educação da humanidade" (*Erziehung des Menschengeschlechts* de Lessing) cujo fim coincidiria com a maioridade do homem. O Progresso não era ilimitado e a sociedade sem classes de Marx, vista como o reino da liberdade que poderia ser o fim da História — freqüentemente interpretada como uma secularização da escatologia cristã ou do messianismo judeu — realmente ainda trás a marca da era do Iluminismo. Com o começo do século dezenove, no entanto, tais limitações desapareceram todas. Agora, no dizer de Proudhon, o movimento é *"le fait primitif"* e "as leis do movimento são as únicas eternas". O movimento não tem princípio nem fim: *"Le mouvement est; voilà tout!"* Quanto ao homem, tudo que se pode dizer é que "nascemos aper-

(42) Ver a Spiegel-Interview com CHRISTOPH EHMANN no *Der Spiegel* de 10 de fevereiro de 1969.

feiçoáveis, mas nunca seremos perfeitos"[43]. A idéia de Marx, tomada emprestada de Hegel, de que toda velha sociedade abriga em si a semente de suas sucessoras da mesma forma que os organismos vivos trazem em si a semente de seus descendentes, é na verdade não somente a mais engenhosa, mas a única garantia conceitual possível para a perpétua continuidade de progresso na história; e uma vez que a marcha deste progresso deve acontecer através de choques de forças antagônicas, pode-se interpretar todo "retrocesso" como um recuo necessário mas temporário.

Naturalmente, uma garantia de que na análise final sobre pouca coisa mais que uma metáfora, não é uma base muito sólida para se erigir uma doutrina, mas isto, infelizmente, o marxismo partilha com muitas outras doutrinas em filosofia. Sua grande superioridade torna-se clara quando o comparamos com outros conceitos de história — como o da "eterna repetição", ascenção e queda de impérios, seqüência casual de eventos essencialmente não-relacionados — todos os quais podem ser igualmente documentados e justificados, mas nenhum pode garantir uma continuidade de tempo linear e um contínuo progresso na história. E o único concorrente no ramo, a antiga idéia de uma Época Áurea nos primórdios de onde tudo o mais é derivado, implica na desagradável certeza de um contínuo declínio. Naturalmente há alguns efeitos colaterais melancólicos na idéia ressurgida de que precisamos somente marchar para o futuro, o qual não podemos ajudar a construir em nada, para encontrarmos um mundo melhor. Em primeiro lugar há o fato de que o futuro da humanidade em geral não tem nada a oferecer à vida dos indivíduos cuja única certeza do futuro é a morte. E para os que não levam isto em conta e só pensam em generalidades, há o argumento óbvio contra o progresso, nas palavras de Herzen: "O desenvolvimento humano é uma forma de deslealdade cronológica, uma vez que os que chegam podem se aproveitar do trabalho de seus predecessores sem pagar o mesmo preço"[44], ou nas palavras de Kant,

(43) PROUDHON, P. J. *Philosophie du Progrès* (1853), 1946, pp. 27-30, 49, e *De la Justice* (1858), 1930, I, p. 238, respectivamente. Ver também HARBOLD, William H. Progressive Humanity: in the Philosophy of P. J. Proudhon. *Review of Politics*, janeiro de 1969.

(44) Alexander Herzen é citado aqui da Introdução de Isaiah Berlin ao *Roots of Revolutions*, de Franco Venturi, New York, 1966.

"Será sempre constrangedor... que as gerações mais antigas pareçam prosseguir no seu pesado trabalho somente para o bem das seguintes... e que somente a última tenha a sorte de morar na casa (completa)"[45].

No entanto estas desvantagens, que só raramente eram notadas, são compensadas por uma enorme vantagem: o progresso não somente explica o passado sem quebrar a continuidade temporal, mas também serve de guia para procedimentos futuros. Foi isto o que Marx descobriu quando virou Hegel de cabeça para baixo: ele alterou a direção da visada dos historiadores; em vez de olharem em direção ao passado, poderiam agora olhar confiantemente para o futuro. O progresso dá uma resposta para a questão perturbadora: O que faremos agora? A resposta no nível mais baixo é: Vamos desenvolver o que temos em algo melhor, maior, etc. (A fé, à primeira vista irracional, dos liberais no crescimento, tão característica de todas as nossas teorias políticas e econômicas atuais, se relaciona com esta idéia.) No nível mais sofisticado da esquerda, a resposta é que se desenvolvam as contradições presentes em suas sínteses inerentes. Ambos os casos nos asseguram de que nada muito novo ou inesperado pode acontecer, nada que não seja resultado "necessário" do que já conhecemos[46]. Como são tranqüilizadoras as palavras de Hegel: "Nada mais vai surgir além do que já está aí"[47].

Não preciso acrescentar que todas as nossas experiências neste século, que constantemente nos confrontam com o totalmente inesperado, estão em flagrante contradição com estas idéias e doutrinas cujas popularidades parecem consistir em oferecer um refúgio confortável, especulativo e pseudocientífico contra a realidade. Uma rebelião estudantil quase que totalmente inspirada em considerações morais certamente está entre os eventos totalmente inesperados deste século. Esta geração, instruída como suas predecessoras em quase nada, além de inúmeras teorias políticas e sociais tendenciosas, ensinou-nos uma lição sobre manipulação, ou

---

(45) "Idéia para uma História Universal com Intenção Cosmopolita", Terceiro Princípio, no *The Philosophy of Kant*, edição Modern Library.
(46) Para uma excelente discussão das falhas óbvias desta posição, ver The Year 2 000 and All That, de ROBERT A. NISBET, in *Commentary*, junho de 1968, e as mal-humoradas observações críticas no exemplar de setembro.
(47) Hegel. *Op. cit.*, pp. 100 e ss.

melhor, sobre seus limites, que faríamos bem em não esquecer. Os homens podem ser "manipulados" através da coação física, tortura ou fome e suas opiniões podem ser arbitrariamente formadas por informações deliberada e organizadamente falsas, mas não através dos "persuasores ocultos" como a televisão, a propaganda ou qualquer outro meio psicológico, numa sociedade livre. Por desgraça, a refutação da teoria pela realidade sempre foi, pelo menos, uma questão prolongada e precária. Os viciados em manipulação, tanto os que a temem exageradamente como os que depositaram nela suas esperanças, dificilmente percebem quando as galinhas vão para o galinheiro se empoleirar. (Um dos melhores exemplos da teoria explodindo em absurdo aconteceu no recente incidente do "Parque do Povo" em Berkeley. Quando a polícia e a Guarda Nacional atacaram com rifles, baionetas caladas e bombas de gás lançadas de helicópteros os estudantes desarmados — poucos dos quais "tinham lançado coisa mais perigosa do que insultos" — alguns dos guardas irmanaram-se abertamente com seus "inimigos" e um deles jogou suas armas ao chão e gritou: "Não agüento mais isto". O que aconteceu? Na iluminada época em que vivemos, isto só poderia ser explicado como insanidade; "ele foi empurrado para um exame psiquiátrico (e) diagnosticado como portador de "agressividade recalcada"[48].)

O progresso é, sem dúvida, um dos artigos mais sérios e complexos da feira de superstição de nosso tempo[49]. A crença irracional do século dezenove no progresso *ilimitado* tem tido aceitação universal principalmente por causa do assustador desenvolvimento das ciências naturais, que desde o início da época contemporânea tem sido, na verdade, ciências "universais", o que fazia prever uma tarefa interminável na exploração da imensidão do universo. Não é de modo algum exato que a ciência esteja sujeita a um progresso sem fim, mesmo não estando mais limitada ao caráter finito da

---

(48) O incidente é relatado sem comentários por WOLIN e SCHAAR, *op. cit*. Ver também o relato de PETER BARNER "An Outcry": Thoughts on Being Tear Gassed, no *Newsweek* de 2 de junho de 1969.
(49) SPENDER (*Op. cit.*, p. 45) relata que os estudantes franceses durante os incidentes de maio em Paris "recusaram categoricamente a ideologia da 'produção' (*rendement*), do 'progresso' e as assim chamadas pseudoforças". Nos Estados Unidos este ainda não é o caso, no que se refere a progresso. Ainda estamos cercados por conversas sobre forças "progressistas" e "regressivas", tolerância "progressista" e "repressiva", e coisas assim.

Terra e sua natureza; é óbvio que a pesquisa estritamente científica na área das humanidades, a chamada *Geisteswissenschaften* que trata com produtos do espírito humano, deve chegar a um fim por definição. A procura incessante e insensata de especialização original em alguns campos, onde só é possível agora a erudição, tem levado, ou à pura irrelevância, o famoso saber mais e mais sobre cada vez menos, ou ao desenvolvimento de uma pseudo-especialização que na verdade destrói seu objetivo[50]. É sabido que a rebelião dos jovens, não motivada exclusivamente por questões morais ou políticas, foi em grande parte dirigida contra a glorificação acadêmica da especialização e da ciência, ambas gravemente comprometidas a seus olhos, ainda que por motivos diferentes. E é bem possível que tenhamos atingido em ambos os casos o ponto sem retorno, o ponto com compensações destruidoras. O progresso da ciência não somente cessou de coincidir com o progresso da humanidade (o que quer que isto signifique), mas também poderia até mesmo disseminar seu fim, da mesma forma que o progresso ulterior da especialização pode levar à destruição de tudo que a fazia valer a pena. O progresso, em outras palavras, já não serve de padrão para avaliar os processos desastrosamente rápidos de mudança que desencadeamos.

Já que estamos tratando aqui principalmente de violência, devo alertar contra um equívoco tentador. Se olhamos a história em termos de um processo cronologicamente contínuo e cujo progresso, além disso, é inevitável, pode parecer que a violência, na forma de guerra e revolução, seja a única interrupção possível. Se isto fosse verdade, se somente a prática da violência pudesse interromper processos automáticos do domínio dos assuntos humanos, os apologistas da violência teriam feito um tento importante. (Teoricamente, que eu saiba, o tento nunca foi feito, mas me parece incontestável que as atitudes disruptivas dos estudantes nos últimos anos estão baseadas nesta convicção.) No entanto, é função de toda ação, diferenciada de mero comportamento, interromper o que de outro modo prosseguiria automaticamente e portanto previsivelmente.

---

(50) Para uma exemplificação esplêndida destes empreendimentos não apenas supérfluos mas perniciosos, ver *The Fruits of the MLA*, de EDMUND WILSON, New York, 1968.

2

Tenciono levantar a questão da violência no campo da política tendo estas experiências como fundo. Isto não é fácil; a observação de Sorel feita há sessenta anos: "Os problemas da violência ainda permanecem muito obscuros"[51], é tão verdade hoje como na época. Eu me referi à relutância geral em tratar a violência como um fenômeno em seu próprio direito, e agora qualificarei esta afirmação. Quando discutimos o fenômeno do poder, logo percebemos que existe um consenso entre os teóricos políticos de esquerda e direita, no sentido de que a violência nada mais é que uma flagrante manifestação de poder. "Toda política é uma luta pelo poder; a forma básica de poder é a violência", disse C. Wright Mills, repetindo de certo modo a definição de estado de Max Weber: "domínio do homem pelo homem por meio da violência legítima, isto é, supostamente legítima"[52]. Tal consenso é muito estranho; igualar poder político com "organização da violência" só faz sentido quando se aceita a estimativa de Marx de estado como um instrumento de opressão nas mãos da classe dominante. Vamos entretanto nos concentrar em autores que não acreditam que o corpo político e suas leis e instituições sejam meramente supra-estruturas coercivas, sejam manifestações secundárias de algumas forças básicas. Concentremo-nos por exemplo em Bertrand de Jouvenel, cujo livro *Power* é talvez o mais prestigiado e certamente o mais interessante tratado recente sobre o assunto. "Para os que contemplam", diz ele, "o desenrolar das eras a guerra se apresenta como uma atividade de estados *pertencente às suas essências*"[53]. Isto nos impele a perguntar se então o fim da guerra significaria o fim dos estados. O desaparecimento da violência no relacionamento entre os estados significaria o fim do poder? A resposta, parece, dependerá do que entendemos por poder. Verifica-se que o po-

---

(51) SOREL, Georges. *Reflections on Violence*. "Introdução à primeira publicação" (1906), New York, 1961, p. 60.
(52) *The Power Elite*, New York, 1956. p. 171; MAX WEBER nos primeiros parágrafos de *Politics as a Vocation* (1921). WEBER parece que estava ciente de sua concordância com a esquerda. Ele cita no contexto a observação de Trotsky sobre Brest-Litovsk, "Todo estado é baseado na violência", e acrescenta, "Isto é realmente verdade".
(53) *Power: The Natural History of its Growth* (1945), Londres, 1952, p. 122.

der é um instrumento de domínio, ao passo que domínio, dizem, deve sua existência "ao instinto de dominação"⁵⁴. Lembramo-nos imediatamente do que Sartre disse sobre a violência quando lemos em Jouvenel que "um homem se sente mais homem quando está se impondo e fazendo dos outros instrumento de sua vontade", o que lhe dá "incomparável prazer"⁵⁵. "Poder", disse Voltaire, "consiste em fazer os outros agirem como eu quiser"; está presente sempre que eu tenha a chance de "afirmar minha própria vontade contra a resistência" dos outros, disse Max Weber, lembrando-nos da definição de Clausewitz de guerra como "um ato de violência para compelir o oponente a proceder como desejamos". Esta palavra, diz-nos Strauz-Hupé, exprime "o poder do homem sobre o homem"⁵⁶. Voltando a Jouvenel: "Mandar e ser obedecido — sem isto não há poder — e com isto não é necessário qualquer outro atributo para que haja... A coisa essencial sem a qual não há poder: ordens"⁵⁷. Se a essência do poder está na eficiência da ordem então não há maior poder que aquele que nasce do cano de um fuzil e seria difícil dizer "de que modo a ordem dada por um policial é diferente da dada por um pistoleiro". (Estas citações são do importante livro *The Notion of the State*, de Alexander Passerin d'Entrèves, o único autor que conheço que está ciente da importância de diferenciar violência e poder. "Temos que decidir quando e em que sentido 'poder' pode ser diferenciado de 'força', para averiguarmos de que forma o fato de usar a força dentro da lei altera a qualidade da força em si e nos sugere uma imagem totalmente diferente das relações humanas", já que a "força, pelo próprio fato de ser qualificada, deixa de

---

(54) *Ibidem*, p. 93.
(55) *Ibidem*, p. 110.
(56) CLAUSEWITZ, Karl von. *On War*. (1932), New York, 1943. Cap. 1; STRAUSZ-HUPÉ, Robert. *Power and Community*. New York, 1956, p. 4; a citação de MAX WEBER: "Macht bedeutet jede Chance, innerhalb einer sozialen Beziehung den eigenen Willen auch gegen Widerstand durcrzusetzen". é tirada de Strausz-Hupé.
(57) Escolhi os exemplos ao acaso, já que pouco importa de que autor se trata. Só ocasionalmente se ouve uma voz dissidente. Assim, R. M. McIver afirma, "Poder coercivo é critério do estado, mas não sua essência. (...) É verdade que não há estado onde não haja força preponderante. (...) Mas o exercício da força não faz o estado". (In *The Modern State*. Londres, 1926. pp. 222-225.) Pode ser percebido como é poderosa a força desta tradição na tentativa de Rousseau de evitá-la. Procurando um governo sem dominação ele não descobriu nada melhor que "une forme d'association... par laquelle chacun s'unissant à tous n'obéisse pourtant qu'à lui-même". A ênfase na obediência, e portanto nas ordens, está inalterada.

ser força". Mas mesmo esta distinção, de longe a mais sofisticada e imaginosa da literatura, não vai à raiz da questão. O poder no modo de pensar de Passerin d'Entrèves é "força institucionalizada" ou "qualificada". Em outras palavras, enquanto os autores citados acima definem violência como a mais flagrante manifestação de poder, Passerin d'Entrèves define poder como uma espécie de violência mitigada. Em última análise dá no mesmo[58].) Deveriam todos, da esquerda à direita, de Bertrand de Jouvenel a Mao Tsé-Tung, concordar num ponto tão básico da filosofia política como a natureza do poder?

Em termos de nossa tradição de pensamento político, estas definições têm muito a recomendá-las. Não somente derivam da velha idéia de poder absoluto que acompanhou a ascenção de estado-nação soberano europeu, cujos primeiros e ainda maiores porta-vozes foram Jean Bodin, na França do século dezesseis, e Thomas Hobbes, na Inglaterra do século dezessete; mas elas também coincidem com os termos usados desde a antigüidade grega para definir as formas de governo como o domínio do homem sobre o homem — domínio de um ou poucos na monarquia e oligarquia, e do melhor ou de muitos na aristocracia e na democracia. Hoje devemos acrescentar a última forma de tal domínio, e talvez a mais terrível: a burocracia ou o domínio de um intrincado sistema de departamentos no qual nenhum homem, nem o único nem o melhor, nem poucos nem muitos, pode ser considerado responsável, e que poderia perfeitamente ser chamado de domínio de Ninguém. (Se, de acordo com o pensamento político tradicional, identificamos a tirania como um governo que não tenciona prestar contas de si mesmo, o domínio de ninguém é o mais tirânico de todos, já que não há sequer alguém a quem se possa perguntar o que está sendo feito. É este estado de coisas, que torna impossível localizar responsabilidades e identificar o inimigo, que está entre as causas mais poderosas da rebelde inquietação mundial de hoje, da sua natureza caótica, e de sua perigosa tendência de escapar do controle e se radicalizar furiosamente.)

(58) *The Notion of the State, An Introduction to Political Theory*, foi primeiramente publicade em italiano em 1962. A versão inglesa não é uma simples tradução; escrita pelo próprio autor, é a edição definitiva e apareceu em Oxford em 1967. Para as citações ver pp. 64, 70 e 105.

Além disso, este antigo vocabulário foi estranhamente confirmado e fortalecido pelo acréscimo da tradição hebraico-cristã e sua "concepção imperativa de lei". Este conceito não foi inventado pelos "realistas políticos", era antes o resultado de uma generalização muito anterior e quase automática dos "Mandamentos" de Deus, segundo a qual "a simples relação entre ordens e obediência" bastava para identificar a essência da lei[59]. Por fim, convicções científicas e filosóficas mais modernas relativas à natureza do homem, fortaleceram bastante estas tradições legais e políticas. As recentes descobertas sobre um congênito instinto de dominação e uma inata agressividade no animal humano, foram precedidas por afirmações filosóficas muito semelhantes. Segundo John Stuart Mill, "a primeira lição de civilização (é) a da obediência", e ele se refere "a dois estados de ânimo... um, o desejo de exercer poder sobre os outros; o outro... a não disposição de que haja poder sendo exercido sobre si"[60]. Fiando-nos nas nossas próprias experiências sobre estes assuntos, sabemos que o instinto de submissão, um desejo ardente de obedecer e ser dominado pelo mais forte, é pelo menos tão proeminente em psicologia humana quanto o desejo de poder, e politicamente talvez seja mais relevante. O velho adágio "Ele está apto para governar, pois já sabe obedecer", algumas versões do qual parecem ter sido conhecidas em todos os séculos e nações[61], pode indicar uma verdade psicológica: ou seja, que o desejo de poder e o desejo de submissão estão interligados. "Submissão pronta à tirania", ainda usando Mill, não é de modo algum causada sempre por "extrema passividade". Reciprocamente, uma forte indisposição a obedecer é freqüentemente acompanhada por uma igualmente forte indisposição para dominar e mandar. Historicamente falando, a velha instituição da economia escravista seria inexplicável na área da psicologia de Mill. Sua finalidade expressa era libertar os cidadãos dos afazeres domésticos e permiti-los penetrar na vida pública da comunidade, onde todos eram iguais; se fosse verdade

(59) *Ibidem*, p. 129.
(60) *Considerations on Representative Government* (1861), *Liberal Arts Library*, pp. 59 e 65.
(61) WALLACE, John M. *Destiny His Choice*: *The Loyalism of Andrew Marvell*. Cambridge, 1968. pp. 88-89. Devo esta referência à gentil cortesia de Gregory DesJardins.

que não há nada melhor que dar ordens e dominar os outros, o amo nunca se afastaria de seus assuntos domésticos.

Existe, no entanto, uma outra tradição e um outro vocabulário não menos velhos e veneráveis. Quando a cidade-estado de Atenas chamou sua constituição de isonomia, ou quando os romanos disseram ser a *civitas* sua forma de governo, tinham em mente um conceito de poder e lei cuja essência não se fiava na relação ordem-obediência e não identificava poder com domínio ou lei com ordens. Os revolucionários do século dezoito recorreram a estes exemplos quando revistaram os arquivos da antigüidade e constituíram uma forma de governo, uma república, onde o domínio da lei, repousando no poder do povo, poria um fim ao domínio do homem sobre o homem, que eles achavam ser um "sistema de governo bom para escravos". Infelizmente eles também se referiram à obediência — obediência às leis em vez de aos homens; mas o que realmente queriam dizer era apoio às leis às quais a coletividade tinha dado seu consentimento[62]. Tal apoio nunca é incondicional, e no que diz respeito à obediência não se compara com a verdadeiramente "incondicional obediência" que um ato de violência pode exigir — a obediência com a qual todo criminoso pode contar quando bate minha carteira com a ajuda de uma faca, ou rouba um banco armado de revólver. É o apoio do povo que empresta poder às instituições de um país, e este apoio não é mais que a continuação do consentimento que, de início, deu origem às leis. No governo representativo, o povo supostamente controla os que governam. Todas as instituições políticas são manifestações e materializações de poder; petrificam e decaem quando o poder vivo do povo cessa de lhes sustentar. Era isto o que Madison queria dizer com "todos os governos repousam na opinião"; um dito verdadeiro tanto para as diversas formas de monarquia como para as democracias. ("Supor que somente na democracia funciona o controle pela maioria é uma fantástica ilusão", como assinala Jouvenel: "O rei, que não passa de um só indivíduo solitário, precisa muito mais do apoio geral da sociedade do que qualquer outra forma de governo"[63]. E mesmo o tirano, aquele que do-

---

(62) Ver apêndice XI, p. 193.
(63) *Op. cit.* p. 98.

mina a todos, precisa de auxiliares para as questões de violência, embora seu número possa ser bem restrito.) Contudo, a força da opinião, isto é, o poder do governo, depende de quantidade; é "proporcional à quantidade com que está associada"[64], e desta forma a tirania, como descobriu Montesquieu, é a mais violenta e a menos poderosa das formas de governo. Uma das mais evidentes diferenças entre poder e violência é que o poder necessita sempre de quantidade, enquanto a violência, até certo ponto, pode se arrumar sem isto, pois se baseia em implementos. Um controle legalmente irrestrito da maioria, ou seja, uma democracia sem uma constituição, pode ser terrível na supressão dos direitos de minorias e muito eficaz na sufocação de dissenções sem qualquer uso de violência. Mas isto não significa que poder e violência sejam a mesma coisa.

A forma extrema de poder é Todos contra Um; a forma extrema de violência é Um contra Todos. E esta última nunca é possível sem instrumentos. É muito enganoso dizer, como se faz freqüentemente, que uma pequena minoria desarmada conseguiu, através de meios violentos — gritando, tumultuando, etc. — dissolver aulas-conferências repletas, cujos participantes em sua esmagadora maioria tinham votado por meios de instrução normais. (Num caso recente numa universidade alemã havia mesmo um único "dissidente" entre centenas de estudantes que poderiam reivindicar tão estranha vitória.) O que realmente se passa nestes casos é algo muito mais sério; a maioria simplesmente se recusa a usar seu poder para subjugar os desordeiros; os processos acadêmicos entram em colapso, porque ninguém tem vontade de fazer qualquer outra coisa pelo *status quo* além de levantar o dedo para votar. As universidades estão contra a "imensa unidade negativa", à qual Stephen Spender se refere em outro contexto. Tudo isto prova que a minoria pode ter um poder potencial muito maior do que se poderia supor, seguindo as pesquisas de opinião pública. A maioria meramente observadora, distraída pelo espetáculo da discussão entre professor e aluno, é de fato um aliado latente da minoria. (Basta imaginar o que teria acontecido se um judeu, ou alguns deles, desarmados, tentassem dissolver na

(64) *The Federalist*. n. 49.

Alemanha pré-hitleriana a conferência de um professor anti-semita para que se entenda o absurdo deste palavreado sobre pequenas "minorias militantes".)

É, na minha opinião, um reflexo triste da atual situação das ciências políticas a não-diferenciação, pela nossa terminologia, de palavras chaves como "poder", "fortaleza", "força", "autoridade", e finalmente "violência" — todas as quais se referem a fenômenos distintos, diferentes, e dificilmente subsistiriam caso eles não existissem. (Como dizia d'Entrèves, "força, poder, autoridade são palavras a cujas exatas implicações não se dá muita importância em conversas comuns; mesmo os maiores pensadores as empregam às vezes indistintamente. Entretanto é justo presumir que se referem a propriedades diferentes e seus significados deveriam ser cuidadosamente avaliados e examinados. (...) O uso correto destas palavras não é só uma questão de gramática, mas de perspectiva histórica"[65].) Usá-las como sinônimos indica não somente uma certa surdez para significados lingüísticos, o que já seria bem grave, mas também resulta numa espécie de cegueira para as realidades a que correspondem. Em tal situação é sempre tentador introduzir novas definições, mas — embora eu vá brevemente ceder à tentação — o que está envolvido não é simplesmente uma questão de conversa descuidada. Atrás da aparente confusão está uma firme convicção à cuja luz todas as distinções são, quando muito, de menor importância: a convicção de que o mais crucial problema político é, e sempre foi, a questão de Quem domina Quem? Poder, fortaleza, força, autoridade, violência — não são mais que palavras para indicar os meios pelos quais o homem domina o homem; são consideradas sinônimos, porque têm a mesma função. Somente depois que se cessar de reduzir os assuntos políticos à questão de domínio, aparecerão, ou antes, reaparecerão em sua autêntica diversidade os termos dados originais no campo dos assuntos humanos.

Estes termos dados, no nosso contexto, podem ser enumerados como segue:

---

[65] *Op. cit.* p. 7. Consultar também p. 171, onde, discutindo o significado exato das palavras "nação" e "nacionalidade", ele corretamente insiste que "os únicos guias competentes na floresta de tantos significados diferentes são os lingüistas e os historiadores. É a eles que devemos solicitar auxílio". E na diferenciação entre autoridade e poder, ele se volta para o *potestas in populo, auctoritas in senatu*, de Cícero.

Poder corresponde à capacidade humana não somente de agir mas de agir de comum acordo. O poder nunca é propriedade de um indivíduo; pertence a um grupo e existe somente enquanto o grupo se conserva unido. Quando dizemos que alguém está "no poder", queremos dizer que está autorizado por um certo número de pessoas a atuar em nome delas. No momento em que o grupo do qual se originou a princípio o poder (*potestas in populo*, sem o povo ou um grupo não há poder), desaparecer, "seu poder" some também. No uso comum quando nos referimos a um "homem poderoso" ou a uma "personalidade poderosa", já estamos empregando a palavra "poder" metaforicamente; o que queremos dizer sem a metáfora é "fortaleza".

Fortaleza sem dúvida designa algo no singular, uma entidade individual; é uma propriedade inerente a um objeto ou uma pessoa e pertence ao seu caráter, o qual pode-se provar em relação a outras coisas ou pessoas, mas é essencialmente independente delas. A fortaleza do mais forte indivíduo sempre pode ser sobrepujada por um grupo, que muitas vezes se forma com a única finalidade de arruinar a fortaleza precisamente por causa de sua peculiar independência. A quase instintiva hostilidade de vários contra um tem sempre sido atribuída, de Platão a Nietzsche, ao ressentimento, à inveja do fraco pelo mais forte, mas esta interpretação psicológica não atinge o alvo. Está na natureza de um grupo e no seu poderio de voltar-se contra a independência, a propriedade da fortaleza individual.

Força, que em conversas diárias usamos quase sempre como sinônimo de violência, especialmente quando a violência serve como meio de coação, devia ser reservado, em linguagem terminológica, para as "forças da natureza", ou para a "força das circunstâncias" (*la force des choses*), isto é, para indicar a energia desprendida pelos movimentos físicos ou sociais.

Autoridade, que se refere ao mais ardiloso destes fenômenos, e que, portanto, é o termo mais maltratado[66], pode ser aplicado em pessoas — existe algo assim

---

(66) Existe tal coisa chamada governo autoritário, mas certamente não tem nada em comum com tirania, ditadura ou domínio totalitário. Para um debate do *background* histórico e do significado político do termo, ver meu "What is Authority?" In: *Between past and future*: *Exercises in Political Thought*. New York, 1968, e a Parte I do valoso estudo de Karl-Heinz Lübke. *Auctoritas bei Augustin*. Stuttgart, 1968, com extensa bibliografia.

como a autoridade pessoal, como no caso das relações entre pai e filho, entre professor e aluno — ou pode ser aplicado a cargos, como no senado romano (*autorictas in senatu*), ou nos cargos hierárquicos da igreja (um padre pode dar absolvição válida mesmo que esteja bêbado). Sua garantia é o reconhecimento incondicional daqueles que devem obedecer; não é necessário nem coação nem persuasão. (Um pai pode perder sua autoridade tanto batendo no filho como tentando argumentar com ele, ou seja, tanto se comportando como um tirano como tratando a criança como um igual.) Conservar a autoridade requer respeito para com a pessoa ou o cargo. O pior inimigo da autoridade é, portanto, o desrespeito, e o modo mais seguro de miná-lo é a risada[67].

Violência, por fim, como já disse, é diferenciada pelo seu caráter instrumental. Fenomenologicamente está próxima de fortaleza, uma vez que os implementos da violência, como qualquer outra ferramenta, são projetados e usados para multiplicar a fortaleza natural até que no último estágio de seu desenvolvimento possam substituí-la.

Talvez não seja supérfluo acrescentar que estas distinções, ainda que de modo algum arbitrárias, quase nunca correspondem a compartimentos estanques no mundo real do qual, contudo, são extraídas. Assim, o poder institucionalizado em comunidades organizadas freqüentemente surge na forma de autoridade, exigindo reconhecimento instantâneo e incondicional; nenhu-

---

(67) Wolin e Schaar, na *op. cit.* estão totalmente certos: "As regras estão sendo quebradas porque as autoridades universitárias, os administradores e mesmo os docentes perderam o respeito de muitos dos estudantes". Eles então concluem: "Quando sai a autoridade, entra o poder". Isto também é verdade, mas temo que não seja no sentido que eles pretendem. O que entrou primeiro em Berkeley foi o poder estudantil, naturalmente o mais forte poder de âmbito universitário, pela simples razão de que os estudantes são superiores numericamene. Foi para romper este poder que as autoridades apelaram para a violência, e é precisamente por que a universidade é essencialmente uma instituição baseada na autoridade, e portanto carente de acato, que ela acha tão difícil tratar com o poder em termos não-violentos. A universidade hoje apela para a polícia para proteção exatamente como a igreja católica costumava fazer que a separação entre estado e igreja a forçasse a se fiar somente na autoridade. É talvez mais que uma singularidade o fato de coincidir a mais severa crise da igreja como uma instituição, com a mais severa crise na história da universidade, a única instituição secular ainda baseada na autoridade. Ambas podem na verdade ser atribuídas à "explosão progressiva da 'obediência' do átomo cuja estabilidade era supostamente eterna", como observou Heinrich Böll sobre a crise das igrejas. Ver "Es wird immer später". In: *Antwort an Sacharow*. Zurich, 1969.

ma sociedade poderia funcionar sem isto. (Um pequeno e ainda isolado incidente em New York mostra o que pode acontecer se a autoridade autêntica em relações sociais sucumbe ao ponto de não poder mais funcionar nem mesmo em sua forma puramente funcional e derivativa. Uma pequena pane no metrô — as portas num dos trens não funcionaram — se transformou numa séria paralização da linha durante quatro horas e envolveu mais de cinqüenta mil passageiros, tudo porque quando as autoridades de tráfego solicitaram a estes que abandonassem o carro defeituoso, eles simplesmente se recusaram[68].) Ademais, nada é mais comum, como veremos, do que a associação de violência e poder; nada é menos freqüente que encontrá-los em suas formas puras e, conseqüentemente, extremas. Disto não decorre que autoridade, poder e violência sejam a mesma coisa.

Entretanto deve-se admitir que é tentador pensar em poder em termos de ordem e obediência — e desta forma igualar poder e violência — discutindo sobre o que na verdade é apenas um caso especial de poder — o poder do governo. Uma vez que tanto em relações exteriores como em questões domésticas a violência aparece como um último recurso para manter a estrutura do poder intacta contra indivíduos desafiantes — o inimigo externo ou o criminoso nativo — parece na verdade que a violência é um pré-requisito do poder e o poder, nada mais é que uma fachada, uma luva de veludo que, ou encobre uma mão de ferro, ou mostrará pertencer a um tigre de papel. Observando mais atentamente, no entanto, esta idéia perde muito de sua plausibilidade. Para o nosso propósito, o hiato entre teoria e realidade é talvez melhor ilustrado pelo fenômeno da revolução.

Desde o começo do século, os teóricos têm nos dito que as chances das revoluções têm decrescido bastante, na mesma proporção em que aumentou o poder destrutivo das armas à disposição unicamente dos governos[69]. A história dos últimos setenta anos, com seu

(68) Ver o *New York Times* de 4 de janeiro de 1969, pp. 1 e 29.
(69) FRANZ BORKENAU, refletindo sobre a derrota da revolução espanhola, afirma: "Neste tremendo contraste com revoluções anteriores, um fato sobressai. Antes destes últimos anos, a contra-revolução comumente dependia do apoio de potências reacionárias que eram técnica e intelectualmente inferiores às forças da revolução. Isto mudou com o advento do fascismo. Agora, qualquer revolução pode topar com o ata-

extraordinário recorde de revoluções bem sucedidas ou não, mostra uma coisa bem diferente. Seriam malucos os que tentaram, mesmo com uma desvantagem tão grande? E abandonando os exemplos de sucesso total, como se poderia explicar até mesmo um sucesso parcial? O fato é que o abismo entre os meios de violência do estado e o que o povo consegue juntar por si mesmo — de garrafas de cerveja a coquetéis Molotov e revólveres — sempre foi tão grande que melhorias técnicas não fazem quase nenhuma diferença. As instruções de compêndios sobre "como fazer uma revolução" numa progressão passo a passo da dissenção à conspiração, da resistência ao levante armado, são todas baseadas na falsa idéia de que as revoluções são "fabricadas". Num confronto de violência com violência a superioridade do governo sempre foi absoluta; mas esta superioridade só dura enquanto a estrutura de poder do governo estiver intacta — isto é, enquanto as ordens forem obedecidas e o exército e a polícia estiverem prontos a usar suas armas. Quando já não é mais este o caso, a situação muda abruptamente. A rebelião não só não é vencida, mas também os próprios armamentos mudam de mãos — e algumas vezes, como na revolução húngara, em questão de horas. (Deveríamos saber bastante sobre isto após tantos anos de luta fútil no Vietnã, onde por um longo tempo, antes de receber ajuda maciça dos russos, a Frente de Libertação Nacional nos combatia com armas fabricadas nos Estados Unidos.) Somente depois que isto acontece, quando a desintegração do governo no poder permite aos rebeldes se armarem, se pode falar em "levante armado", que muitas vezes não chega a ocorrer, ou ocorre quando não é mais necessário. Onde as ordens não são mais obedecidas, os meios de violência são inúteis; e a questão desta obediência não é resolvida pela relação ordem-violência, mas pela opinião, e naturalmente pelo número de pessoas que a compartilham. Tudo depende do poder atrás da violência. O repentino e dramático

que do maquinismo mais moderno, mais eficiente e impiedoso em existência. Isto quer dizer que o tempo das revoluções livres para evoluírem conforme suas próprias leis já passou". Isto foi escrito há mais de trinta anos (*The Spanish Cockpit*, Londres, 1937; Ann Arbor, 1963, pp. 288-289) e agora é citado com aprovação de Chomsky (*op. cit.* p. 310). Ele acredita que a intervenção francesa e americana na guerra civil do Vietnã provam que é exata a previsão de Borkenau, "com substituição de 'fascismo' por 'imperialismo liberal' ". Eu considero este exemplo mais adequado para provar o contrário.

colapso do poder que anuncia as revoluções revela num lampejo como a obediência civil — às leis, instituições, dirigentes — nada mais é que uma manifestação exterior de apoio e consentimento. Onde o poder se desintegra as revoluções são possíveis, mas não obrigatórias. Sabemos de muitos exemplos de regimes absolutamente impotentes que continuaram existindo durante longo tempo — ou porque não havia ninguém para testar sua fortaleza e revelar sua fraqueza, ou porque foram venturosos bastante para não se meterem em guerra e serem derrotados. A desintegração muitas vezes só se torna manifesta na confrontração direta; e até mesmo então, quando o poder já está jogado na rua, é necessário um grupo de homens preparados para esta eventualidade, para recolhê-lo e assumir a responsabilidade. Recentemente testemunhamos como bastou a rebelião dos estudantes franceses, essencialmente não-violenta e relativamente inofensiva, para revelar a vulnerabilidade de todo o sistema político, que rapidamente se desintegrou ante os espantados olhos dos jovens rebeldes. Sem o saber tinham posto à prova o sistema; tudo que pretendiam era desafiar o esclerosado sistema universitário, e veio abaixo todo o sistema de poder do governo junto com o das imensas burocracias dos partidos — *"une sorte de désintégration de toutes les hiérarchies"*[70]. Foi um caso típico de situação revolucionária[71] que não se desenvolveu em revolução porque não havia ninguém, muito menos os estudantes, preparado para agarrar o poder e a responsabilidade que vem junto com ele. Ninguém, exceto, é claro, De Gaulle. Nada caracterizava tanto a gravidade da situação quanto o seu apelo ao exército, sua viagem para ver Massu e os generais na Alemanha, um passeio a Canossa, se é que houve, em vista do que tinha acontecido alguns anos antes. Mas o que ele procurou e recebeu foi apoio e não obediência, e os meios não foram ordens, mas concessões[72]. Se ordens bastassem, ele nunca teria deixado Paris.

(70) ARON, Raymond. *La Révolution Introuvable*. 1968. p. 41.
(71) Stephen, SPENDER, *op. cit.*, p. 56, não concorda: "Muito mais evidente que a situação revolucionária, (era) a situação não-revolucionária". Pode ser "difícil pensar que está havendo uma revolução quando... todo mundo parece especialmente bem-humorado", mas é isto que acontece comumente no começo das revoluções — durante o grande êxtase de fraternidade do princípio.
(72) Ver apêndice XII, p. 194.

Jamais existiu um governo baseado exclusivamente nos meios da violência. Mesmo o mandante totalitário, cujo maior instrumento de domínio é a tortura, precisa de uma base de poder — a polícia secreta e sua rede de informantes. Somente o desenvolvimento de soldados robôs que eliminassem, como foi mencionado anteriormente, o fator humano por completo e permitissem a um só homem com um botão de comando destruir a quem lhe aprouvesse, poderia mudar esta supremacia fundamental do poder sobre a violência. Mesmo a mais despótica dominação que conhecemos: o domínio do senhor sobre os escravos, que sempre o excediam em número, não repousava em tais meios superiores de coação, mas numa organização superior de poder — ou seja, na solidariedade organizada dos senhores[73]. Homens sozinhos, sem outros que os apóiem, nunca têm suficiente poder para usar a violência com sucesso. Assim, em assuntos internos, a violência funciona como o último recurso do poder contra criminosos e rebeldes — isto é, contra indivíduos sozinhos que, de certo modo, se recusam a ser esmagados pelo consenso da maioria. E quanto à própria guerra, temos visto no Vietnã como uma enorme superioridade nos meios da violência pode se tornar inútil se confrontada com um oponente mau equipado mas bem organizado, o que o torna muito mais poderoso. Esta lição certamente já poderia ter sido aprendida com a história da guerra de guerrilhas que é pelo menos tão velha quanto a derrota do até então invicto exército de Napoleão na Espanha.

Mudando por um momento para a linguagem conceitual: o poder está realmente na essência de todo governo, mas a violência não. A violência é por natureza instrumental; como todos os meios, sempre necessita de orientação e justificação pelos fins que persegue. E o que necessita ser justificado por alguma outra coisa não pode ser a essência de coisa alguma. O fim da guerra — tomando fim em seu duplo sentido — é a paz ou a vitória; mas a pergunta: E qual é o fim da paz? não tem resposta. A paz é absoluta, ainda que

---

(73) Na Grécia antiga tal organização de poder era a pólis, cujo mérito principal era o de permitir, segundo Xenofonte, aos "cidadãos agirem como guarda-costas mútuos contra escravos e criminosos de modo que nenhum dos cidadãos pudesse morrer de morte violenta". (Hiero, IV, 3.)

na história documentada os períodos de guerra tenham quase sempre suplantado os períodos de paz. O poder está na mesma categoria; é, como se diz, "um fim em si mesmo". (Isto, naturalmente, não significa negar que os governos seguem políticas e empregam seu poder para alcançar objetivos determinados. Mas a estrutura de poder em si precede e dura mais que qualquer meta, de tal modo que o poder, longe de ser o meio para atingir um fim, é na verdade a própria condição que permite a um grupo de pessoas pensar e agir conforme a categoria dos meios-fins.) E uma vez que o governo é essencialmente poder organizado e institucionalizado, a pergunta: Qual é o fim do governo? também não faz muito sentido. A resposta será, ou questionável — capacitar os homens a viverem juntos — ou perigosamente utópica — promover a felicidade, ou tornar realidade a sociedade sem classes ou algum outro ideal não-político, que se for seriamente tentado só pode acabar em alguma forma de tirania.

O poder não necessita de justificação, sendo inerente à própria existência de comunidades políticas; o que realmente necessita é legitimidade. O comum emprego destas duas palavras como sinônimos é tão enganoso e confuso quanto a comum identificação entre obediência e apoio. O poder brota onde quer que as pessoas se unam e atuem de comum acordo, mas obtém sua legitimidade mais do ato inicial de unir-se do que de outras ações que se possam seguir. A legitimidade quando desafiada fundamenta-se a si própria num apelo ao passado, enquanto a justificação se relaciona com um fim que existe no futuro. A violência pode ser justificável, mas nunca será legítima. Sua justificação vai perdendo em plausibilidade conforme seu fim pretendido some no futuro. Ninguém questiona a violência como legítima defesa, pois o perigo não somente está claro mas também presente, e o fim que justifica os meios é imediato.

Poder e violência, ainda que fenômenos distintos, quase sempre aparecem juntos. Onde quer que estejam associados, o poder, como temos verificado, é o fator principal e predominante. No entanto a situação é totalmente diferente quando tratamos com eles em seus estados puros — como, por exemplo, no caso de invasão estrangeira e ocupação. Vimos que a usual identificação de violência e poder provém de considerarmos o governo como o domínio do homem sobre o homem por meio da violência. Se um conquistador estrangeiro se confronta com um governo impotente e com uma nação desacostumada ao exercício do poder político, é fácil para ele levar a cabo a dominação. Em qualquer outro caso as dificuldades são realmente grandes e o ocupante invasor tentará estabelecer imediatamente governos títeres, isto é, procurará uma base nativa de poder para apoiar seu domínio. O choque frontal entre os tanques russos e a resistência inteiramente não-violenta do povo tcheco é um caso típico de confrontação entre violência e poder em seus estados puros. Mas ainda que seja difícil levar a cabo a dominação nestes casos não é impossível. A violência, lembramos, não depende de quantidade ou opiniões, mas de implementos, e os implementos da violência, como já dissemos, assim como qualquer ferramenta, aumentam e multiplicam a fortaleza humana. Os que combatem a violência com mero poder descobrirão que se confrontam com artefatos humanos e não com homens, e a eficácia destrutiva e a desumanidade deles aumentam proporcionalmente à distância que separa os oponentes. A violência sempre pode destruir o poder; do cano de um fuzil nasce a ordem mais eficiente, resultando na mais perfeita e instantânea obediência. O que nunca pode nascer daí é o poder.

Num choque frontal entre violência e poder, o resultado é claro. Se a estratégia enormemente poderosa e bem sucedida da resistência não-violenta de Gandhi tivesse enfrentado um inimigo diferente — a Rússia de Stálin, a Alemanha de Hitler ou o próprio Japão de antes da guerra, ao invés da Inglaterra — o resultado não teria sido descolonização, mas massacre e submissão. E no entanto a Inglaterra na Índia, e a França na Argélia, tinham boas razões para suas repressões. O domínio pela pura violência entra em jogo quando o poder está sendo perdido; é precisamente o enfraquecimento do poder do governo russo interna e externamente que se tornou manifesto na "solução" do problema tcheco — assim como foi o enfraquecimento do poder do imperialismo europeu que se tornou manifesto na alternativa entre descolonização ou massacre. Substituir o poder pela violência pode trazer a vitória, mas a um preço muito alto que não é apenas pago pelo vencido, mas também pelo vencedor em termos de seu próprio poder. Isto é especialmente verdade quando o vencedor desfruta internamente das bênçãos de um governo constitucional. Henry Steele Commager tem toda razão: "Se subvertemos a ordem mundial e destruímos a paz mundial, devemos inevitavelmente subverter e destruir antes nossas próprias instituições políticas"[74]. O temido efeito bumerangue do "governo de povos subjugados" (Lord Cromer) sobre o governo da Metrópole durante a época imperialista, significava que o domínio pela violência de terras distantes acabaria afetando o governo da Inglaterra, e que o último "povo subjugado" seriam os próprios ingleses. O recente ataque a gás ao *campus* de Berkeley, onde não somente gás lacrimogênio foi lançado, mas também um outro, "banido pela Convenção de Genebra e usado pelo exército para 'puxar a descarga' sobre as guerrilhas no Vietnã", enquanto soldados protegidos por máscaras contra gases impediam todos sem exceção "de fugir da área atingida", é um excelente exemplo do fenômeno de "represália extremada". Freqüentemente se diz que impotência gera violência e psicologicamente isto é verdade, pelo menos para pessoas que possuam fortaleza natural, moral ou física. Mas politicamente a questão é que a perda de poder traz a tentação de substituí-lo pela violência — durante a convenção democrata em 1968 em Chicago, pudemos observar este processo pela televisão[75] — e também que a própria violência resulta em impotência. Onde a violência já não é mais contida e restringida pelo poder, já começou a bem conhecida inversão no cômputo dos meios e fins. Os meios — de destruição — agora determinam o fim — e a conseqüência será a destruição de todo o poder.

Em nenhum lugar o fator da autodestruição na vitória da violência sobre o poder é mais evidente do que no uso do terror para sustentar a dominação, sobre cujos fantásticos sucessos e eventuais fracassos sabemos talvez mais do que qualquer outra geração anterior. Terror não é o mesmo que violência; é, antes, a forma de governo que passa a existir quando a violência, tendo destruído todo poder, não abdica mas, ao contrário, permanece com controle total. Observa-se freqüentemente

---

(74) "Can We Limit Presidential Power?" In: *The New Republic*, 6 de abril de 1968.
(75) Ver apêndice XIII, p. 98.

que a eficiência do terror depende quase que completamente do grau de atomização social. Toda forma de oposição organizada deve desaparecer antes que a força total do terror possa enfraquecer. Esta atomização — uma palavra excessivamente pálida e acadêmica para o horror que encerra — é sustentada e intensificada através da ubiqüidade do informante, o qual pode literalmente estar onipresente pois não se trata mais de apenas um agente profissional a soldo da polícia, mas potencialmente de qualquer pessoa com quem se entre em contato. O modo como se estabelece este estado policial completamente desenvolvido e a forma como ele funciona — ou antes, como nada funciona onde ele toma pulso — pode agora ser aprendido no *The First Circle* de Aleksandr I. Solzhenitsyn que provavelmente ficará como uma das obras primas da literatura do século vinte e que certamente contém a melhor documentação existente do regime de Stálin[76]. A diferença decisiva entre dominação totalitária, baseada no terror, tiranias e ditaduras, estabelecidas pela violência, é que a primeira se volta não só contra seus inimigos, mas também contra seus amigos e defensores, atemorizada com qualquer poder, mesmo o de seus amigos. O clímax do terror é atingido quando o estado policial começa a devorar seus próprios filhos, quando o carrasco de ontem se torna a vítima de hoje. E é neste momento também que desaparece por completo o poder. Existem agora muitas explicações plausíveis para a desestalinização da Rússia — nenhuma, creio, tão constrangedora quanto a descoberta pelos próprios funcionários stalinistas de que a continuação do regime levaria não a uma insurreição, contra a qual o terror é realmente a melhor salvaguarda, mas à paralização total do país.

Resumindo: em termos de política, não basta dizer que violência e poder não são a mesma coisa. Poder e violência se opõem; onde um deles domina totalmente o outro está ausente. A violência aparece onde o poder está em perigo, mas se a permitem seguir seus próprios caminhos, resulta no desaparecimento do poder. Isto implica em não ser correto pensar no oposto da violência como sendo a não-violência; falar em poder não-violento é uma redundância. A violência pode destruir o poder, mas é totalmente incapaz de criá-lo. A grande confian-

(76) Ver apêndice XIV, p. 195.

ça de Marx e Hegel no "poder de negação" da dialética, pelo qual os opostos não se destroem, mas lentamente se transformam um no outro, pois as contradições não paralizam as transformações, mas as estimulam, repousa num preconceito muito mais antigo: o mal não é mais que um *modus* particular de bem, o bem pode surgir do mal; em suma, o mal não é nada mais que uma manifestação temporária de um bem ainda oculto. Tais opiniões consagradas tornaram-se perigosas. São partilhadas por muitos que nunca ouviram falar de Marx ou Hegel, pelo simples fato de que elas inspiram esperança e espalham o medo — uma traiçoeira esperança usada para espalhar medo legítimo. Com isto não quero identificar violência e mal; só pretendo realçar que a violência não pode advir do seu oposto — o poder — e que, para compreendê-la como ela é, temos que examinar suas raízes e sua natureza.

3

Pode parecer presunçoso falar da natureza e das causas da violência nestes termos, num momento em que rios de dinheiro de fundações são canalizados para os inúmeros projetos de pesquisa dos cientistas sociais, quando dilúvios de livros sobre o assunto já apareceram, quando eminentes naturalistas — biólogos, fisiólogos, etólogos e zoólogos — se uniram para resolver num supremo esforço o enigma da "agressividade" no comportamento humano, e quando até mesmo uma nova ciência, chamada "polemologia", surgiu. Tenho, no entanto, duas desculpas para tentar.

Em primeiro lugar, apesar de achar grande parte do trabalho dos zoólogos fascinante, não consigo ver como pode ser aplicado ao nosso problema. Para saber que o povo lutará por sua pátria não precisamos descobrir instintos de "territorialismo grupal" em formigas, peixes e macacos; e para aprender que a superpopulação resulta em irritação e agressividade não temos que fazer experiências com ratos. Basta passar um dia nos cortiços de qualquer grande cidade. Fico surpresa e encantada de ver que alguns animais se comportam como homens; mas não consigo ver de que forma isto pode justificar ou condenar o comportamento humano. Não consigo compreender por que devemos "reconhecer que o homem se comporta como um espécime de grupo territorial" e não o contrário — que certas espécies animais se comportam muito como homens[77]. (Segundo Adolf Portmann, estas novas percepções sobre o comportamento dos animais não fecham o abismo entre o homem e o animal; somente demonstram que "ocorrem nos animais muito mais coisas que conhecemos sobre nós mesmos do que podemos imaginar"[78]. Por que deveríamos, depois de termos "eliminado" todo antropomorfismo da psicologia animal (se fomos bem sucedidos realmente, é uma outra questão), tentar agora descobrir "até onde o homem é 'teriomorfo'"[79]? Não é óbvio que o antropomorfismo e o teriomorfismo nas ciências do comportamento não são mais que os dois lados de um mesmo "erro"? Além disso, se definimos o homem como pertencente ao reino animal, por que deveria ele tomar seus padrões de comportamento de outra espécie animal? A resposta, temo, é simples: é mais fácil fazer experiências com animais, e não somente por razões humanitárias — pois não seria agradável sermos jogados em jaulas; o problema é que os homens podem trapacear.

Em segundo lugar, os resultados das pesquisas em ciências naturais e sociais tendem a fazer do comportamento violento uma reação ainda mais "natural" do que estaríamos preparados para admitir sem estas pesquisas. A agressividade, definida como um impulso instintivo, é considerada como se desempenhasse o mesmo papel funcional no seio da natureza que os instintos de nutrição e sexual no processo vital do indivíduo e da espécie. Mas diferentemente desses instintos, que são ativados, por um lado, por necessidades físicas prementes, e, por outro, por estimulantes externos, os instintos agressivos no reino animal parecem ser independentes de tal provocação; ao contrário, a falta de provocação

---

(77) TINBERGEN, Nikolas. On War and Peace in Animals and Man. *Science*, 160: 1411 (28 de junho de 1968).
(78) *Das Tier als soziales Wesen*, Zürich, 1953. pp. 237-238: "Wer sich in die Tatschen vertieft... der wird feststellen, dass die neuen Einblicke in die Differenziertheit tierischen Treibens uns zwingen, mit allzu einfachen Vorstellungen von höheren Tieren ganz entschieden aufzuräumen. Damit wird aber nicht etwa—wie zuweilen leichthin gefolgert wird—das Tierische dem Menschlichen immer mehr genähert. Es zeigt sich lediglich, dass viel mehr von dem, was wir von uns selbst kennen, auch beim Tier vorkommt".
(79) HOLST, Erich Von. *Zur Verhaltensphysiologie bei Tieren und Menschen*. Munique, Gesammelte Abhandlungen, 1969, v. I, p. 239.

aparentemente leva à frustração do instinto, ao "recalque" da agressividade, que, de acordo com os psicólogos, causa uma contenção de "energia" cuja eventual explosão é extremamente perigosa. (É como se a *sensação* de fome no homem aumentasse com a diminuição do número de pessoas famintas[80].) Neste sentido, a violência sem provocação é "natural"; se ela perde sua *rationale* ou seja, sua função na autopreservação, torna-se "irracional", e esta é a suposta razão por que o homem pode ser mais "bestial" que outros animais. (A literatura nos lembra constantemente do generoso comportamento dos lobos, que não matam o inimigo derrotado.)

Pondo de lado a enganosa transposição de termos físicos como "energia" e "força" para os dados biológicos e zoológicos, onde não fazem sentido porque não podem ser medidos[81], temo que atrás destas recentes "descobertas" se esconda a mais velha definição da natureza do homem — a definição de homem como o *animal rationale,* segundo a qual não somos diferentes das outras espécies animais em nada afora o atributo adicional da razão. A ciência moderna, partindo de um modo não-crítico dessa velha suposição, tem contribuído grandemente para "provar" que o homem divide todas as suas outras propriedades com alguma espécie do reino animal — mas não que a dádiva adicional da "razão" faz do homem a mais perigosa das feras. É o uso da razão que nos faz perigosamente "irracionais", pois a razão é propriedade de um "ser originalmente instintivo"[82]. Os cientistas sabem, é claro, que o homem foi o ferramenteiro que inventou as armas de longo alcance que o liberou das restrições "naturais" que existem no reino animal, e que fazer ferramentas é uma

---

(80) Para contradizer o absurdo desta conclusão é feita uma diferenciação entre instintos endógenos, espontâneos, como por exemplo, a agressão, e impulsos reativos como a fome. Mas uma diferenciação entre espontaneidade e reatividade não faz sentido numa discussão sobre impulsos inatos. No mundo da natureza não há espontaneidade, propriamente falando, instintos e impulsos somente evidenciam a maneira altamente complexa pela qual todos os organismos vivos, inclusive o homem, estão adaptados aos seus processos.

(81) O caráter hipotético de *On Agression* de KONRAD LORENZ (New York, 1966) é esclarecido na interessante coleção de ensaios sobre a agressão e adaptação, editada por Alexander Mitscherlich, sob o título *Bis hierher und nicht weiter. Ist die menschliche Agression unbefriedbar?* Munique, 1968.

(82) VON HOLST, *Op. cit.,* p. 283: "*Nicht, weil wir Verstandeswesen, sondern weil wir ausserdem ganz urtümliche Triewesen sind ist unser Dasein im Zeitolter der Technik gefährdet*".

135

atividade *mental* altamente complexa[83]. Assim, a ciência é obrigada a nos curar dos efeitos colaterais da razão através da manipulação e controle de nossos instintos, e muitas vezes descobrindo escapes inofensivos para eles quando desaparecem suas "funções de estímulo vital". Novamente o padrão de comportamento é obtido de outra espécie animal na qual a função dos instintos vitais não tenha sido destruída pela intervenção da razão humana. E dessa forma a diferença específica entre o homem e a fera é agora, no sentido estrito, não mais a razão (a *lumem naturale* do animal humano) mas a ciência, o conhecimento destes padrões e as técnicas referentes a eles. De acordo com este ponto de vista, o homem age irracionalmente, como uma besta, se se recusa a ouvir os cientistas ou ignora suas últimas descobertas. Contra estas teorias e suas implicações, argumentarei em seguida que a violência não é nem bestial nem irracional — quer compreendamos estes termos na linguagem comum dos humanistas ou em conformidade com teorias científicas.

Que a violência geralmente brota da ira é um lugar comum, e a ira realmente pode ser irracional e patológica; mas assim também pode ser qualquer outro sentimento humano. Sem dúvida é possível criar condições sob as quais os homens sejam desumanizados — como campos de concentração, tortura ou inanição — mas isto não significa que se transformem em animais; e nestas condições não são ira e violência os mais claros sinais de desumanização, mas suas ausências. A ira não é de modo algum uma reação automática contra a miséria e o sofrimento como tais; ninguém reage com ira ante uma doença incurável ou um terremoto ou, dentro do assunto, ante condições sociais que parecem ser imutáveis. Somente quando há razões para suspeitar que as condições poderiam ser mudadas e não são aparece a ira. Somente quando nosso senso de justiça é injuriado reagimos com ira, e esta reação não reflete de modo algum necessariamente uma injúria pessoal, como

(83) Armas de longo alcance, consideradas pelos polemologistas como tendo libertado os instintos agressivos do homem a tal ponto que os controles para salvaguarda da espécie já não mais funcionam (ver TINBERGEN, *Op. cit.*) são tomadas por OTTO KLINEBERG ('Fears of a Psychologist", na *Op. cit.* de CALDER, p. 208) mais como uma indicação "de que a agressividade pessoal (não) tem um importante papel como motivo para guerra". Soldados, continuando-se o argumento, não são assassinos, e assassinos — os que têm a "agressividade pessoal" — provavelmente nem sejam bons soldados.

é demonstrado em toda a história das revoluções, onde invariavelmente os membros das classes mais altas delineavam e depois lideravam as rebeliões dos deserdados e oprimidos. Recorrer à violência quando nos confrontamos com eventos ou condições ultrajantes é muito tentador por causa do imediatismo e da prontidão inerentes a ela. Agir com rapidez ponderada é contra a natureza da ira e da violência, mas não as torna irracionais. Ao contrário, na vida privada, e mesmo na pública, há situações em que a própria prontidão do ato violento pode ser o único remédio apropriado. Não que isto seja útil para desabafar — pois chutar uma mesa ou bater a porta tem o mesmo efeito. A questão é que sob certas circunstâncias a violência — agindo sem muita conversa ou argumentação e não calculando as conseqüências — é a única forma de reequilibrar a balança da justiça. (O exemplo clássico é Billy Budd que matou o homem que levantara falso testemunho contra ele.) Neste sentido a ira e a violência, que algumas vezes — nem sempre — a acompanha, pertencem às emoções *humanas* "naturais", e livrar o homem delas significaria nada menos que desumanizá-lo ou castrá-lo. É inegável que tais atos, nos quais os homens tomam a lei em suas próprias mãos em nome da justiça, conflitam com as constituições das comunidades civilizadas; mas o caráter antipolítico deles, tão manifesto na magistral estória de Melville, não quer dizer que sejam desumanos ou "meramente" emotivos.

A ausência de emoções não causa nem estimula a racionalidade. "Desinteresse e serenidade" ante uma "tragédia insuportável" pode ser realmente "petrificante"[84], desde que não sejam frutos de autocontrole, mas uma evidente manifestação de incompreensão. Para se reagir razoavelmente deve-se em primeiro lugar estar "comovido", e o oposto de emotivo não é "racional", o que quer que isto signifique, mas, ou incapacidade de se comover, quase sempre um fenômeno patológico, ou sentimentalismo, que é uma perversão do sentimento. A ira e a violência só se tornam irracionais quando são dirigidas contra substitutos, e temo que seja exatamente isto o que recomendam os psiquiatras e polemologistas rela-

---

(84) Estou parafraseando uma frase de NOAM CHOMSKY (*Op. cit.*, p. 371), que expõe muito bem a "fachada de inflexibilidade e pseudociência" e a "vacuidade" intelectual por trás dela, especialmente nos debates sobre a guerra do Vietnã.

cionados com a agressividade humana, e, por desgraça, é o que corresponde a certos caprichos e atitudes irrefletidas da sociedade em geral. Todos sabemos, por exemplo, que se tornou moda entre os liberais brancos responder às queixas dos negros com a frase "Somos todos culpados", e o Poder Negro se mostrou muito feliz em tirar partido desta "confissão" e instigar uma "ira negra" irracional. Onde todos são culpados ninguém o é; confissões de culpa coletiva são a melhor salvaguarda possível contra a descoberta de culpados e quanto maior é o crime, maior é a desculpa para que nada se faça. Este exemplo particular representa ainda uma perigosa e ofuscante escalada do racismo para uma região mais alta, menos tangível. A verdadeira fenda entre brancos e negros não é fechada por ser transferida para um conflito ainda menos conciliável entre inocência coletiva e culpa coletiva. "Todos os homens brancos são culpados", não só é uma perigosa tolice, mas é também racismo ao contrário, pois serve para dar às verdadeiras queixas e às emoções racionais da população negra um escape para a irracionalidade, uma fuga da realidade.

Além disso, se investigarmos historicamente as causas que podem transformar *engagés* em *enragés,* não é a injustiça que figura em primeiro lugar, mas a hipocrisia. Seu importante papel nos últimos estágios da Revolução Francesa, quando a guerra de Robespierre contra a hipocrisia transformou o "despotismo da liberdade" no Reinado do Terror, é conhecido demais para ser discutido aqui; mas é importante lembrar que esta guerra fora declarada muito antes pelos moralistas franceses que viam na hipocrisia o vício dos vícios e descobriram que ela dominava, suprema, a "sociedade digna" que pouco mais tarde seria chamada de sociedade burguesa. Poucos autores de estatura glorificaram a violência em nome da violência; mas estes poucos — Sorel, Pareto, Fanon — eram motivados por um ódio extremamente profundo pela sociedade burguesa e foram levados a um rompimento muito mais radical com seus padrões morais de que a esquerda convencional, que era basicamente inspirada na compaixão e no ardente desejo de justiça. Arrancar a máscara de hipocrisia da face do inimigo, desmascarar a ele e às tortuosas maquinações e manipulações que lhe permitem dominar sem utilização de meios violentos, ou seja, provocar a ação mesmo com risco de aniquilamento, de tal modo que possa surgir a verdade — estes ainda estão entre os mais fortes motivos da violência de hoje nos *campi* e nas ruas[85]. E mesmo esta violência não é irracional. Uma vez que os homens vivem num mundo de aparências e no seu relacionamento com ele dependem de manifestação, as dissimulações da hipocrisia — diferentemente dos artifícios oportunos esclarecidos no devido tempo — não podem ser enfrentadas pelo chamado comportamento razoável. Só se pode confiar nas palavras quando se tem certeza de que a função delas é revelar e não dissimular. É a aparência de racionalidade, muito mais que os interesses por trás dela, que provoca a ira. Não é "racional" usar a razão quando ela é usada como uma armadilha; assim como não é "irracional" usar o revólver em legítima defesa. Esta reação violenta contra a hipocrisia, apesar de justificável em seus próprios termos, perde sua *raison d'être* quando tenta desenvolver uma estratégia própria com objetivos específicos; torna-se "irracional" no momento em que é "racionalizada", isto é, no momento em que a reação no decurso de uma contenda se transforma em ação e começa a caça aos suspeitos, acompanhada pela caça psicológica de motivos ulteriores[86].

Embora a eficiência da violência, como observei antes, não dependa de quantidade — um único homem com uma metralhadora pode por em apuros centenas de pessoas bem organizadas — é na violência coletiva, contudo, que seu lado mais perigosamente atraente vem à tona, e não porque haja maior segurança num grupo. É a pura verdade que tanto em ações militares como nas revolucionárias, o "individualismo é o primeiro (valor) a desaparecer"[87]; em seu lugar encontramos uma espécie de coerência de grupo que é sentida mais intensamente e dá provas de ser um vínculo muito mais forte, ainda que menos duradouro, que qualquer variedade de ami-

---

(85) "Lendo as publicações da SDS (Estudantes por uma sociedade democrática), vê-se que elas recomendam freqüentemente provocações à polícia como estratégia para "desmarcarar" a violência das autoridades". Spender (*Op. cit.* p. 29) comenta que este tipo de violência "leva a um impasse no qual o provocador desempenha ao mesmo tempo o papel de assaltante e vítima". A guerra contra a hipocrisia abriga grandes perigos, alguns dos quais eu examinei brevemente em *On Revolution*, New York, 1963. pp. 91-101.
(86) Ver apêndice XV, p. 195.
(87) FANON. *Op. cit.* p. 47.

zade civil ou particular[88]. É sabido que em todo empreendimento ilegal, político ou criminoso, o grupo, pelo bem de sua própria segurança, exigirá que cada "indivíduo cometa uma ação irreparável", destruindo assim o acesso de volta à sociedade respeitável antes de ser admitido na comunidade da violência. Mas uma vez que o homem seja admitido, sucumbirá à fascinante intoxicação da "prática da violência que amarra os homens uns aos outros como um todo, já que cada indivíduo é um elo violento na grande corrente, uma parte do grande organismo da violência que se expande mais e mais"[89].

As palavras de Fanon se referem ao conhecido fenômeno da fraternidade no campo de batalha, onde os feitos mais nobres e abnegados são ocorrências quase diárias. De todos os igualadores, a morte parece ser o mais poderoso, pelo menos nas poucas situações extraordinárias em que se pode desempenhar um papel político. A morte, quer seja encarada como o ato de morrer ou como a consciência íntima da própria mortalidade, é talvez a experiência mais antipolítica que existe. Significa que vamos desaparecer do mundo das aparências e vamos deixar a companhia dos companheiros humanos, que são as condições de qualquer política. No que diz respeito à experiência humana, a morte indica solidão e impotência extremas. Mas encarada coletivamente na ação ela muda de aspecto; agora nada parece intensificar mais nossa vitalidade que sua proximidade. Uma coisa que raramente nos preocupa, ou seja, que a nossa morte leva consigo a imortalidade potencial do grupo ao qual pertencemos e, em última análise, da espécie, se desloca para o centro de nossa experiência. É como se a própria vida, a vida imortal da espécie, nutrida, de certo modo, no contínuo morrer de seus indivíduos membros", se "expandisse mais e mais", se realizasse na prática da violência.

Seria errado, penso, falar aqui de meros pareceres. Afinal, uma das notáveis propriedades da condição humana é encontrar aqui uma experiência adequada. No nosso contexto, entretanto, o ponto em questão é que estas experiências, cuja força elementar está além da dúvida, nunca encontraram expressão política, institucio-

---

(88) J. Glenn, GRAY, *The Warriors* (New York, 1959; agora disponível em brochura), é muito perspicaz e instrutivo neste ponto. Devia ser lido por todos os interessados na prática da violência.
(89) FANON, *op. cit.* pp. 85 e 93, respectivamente.

nal, e a morte como igualador não tem praticamente nenhum papel em filosofia política, embora a mortalidade humana — o fato dos homens serem "mortais" como diziam os gregos — fosse entendida como o mais forte motivo para a ação política no pensamento político pré-filosófico. A certeza da morte fez os homens procurarem a fama imortal em feitos e palavras e lhes sugeriu o estabelecimento de um corpo político que fosse potencialmente imortal. Assim, a política era precisamente um meio de fugir da igualdade de antes da morte para uma diferenciação que assegurava alguma medida de imortalidade. (Hobbes é o único filósofo político em cuja obra a morte, na forma de medo da morte violenta, tem um papel crucial. Mas não é a igualdade antes da morte que é decisiva para Hobbes; é a igualdade do medo resultante da idêntica capacidade para matar que todos possuem que persuade os homens em estado natural a se unirem em comunidades.) De qualquer modo, nenhum corpo político que eu saiba foi jamais erigido sobre a igualdade antes da morte e sua efetivação na violência; as esquadras suicidas na história, que eram realmente organizadas neste princípio e por isso comumente se chamavam de "irmandades", não pode ser consideradas como organizações políticas. Mas é certo que os fortes sentimentos fraternos que a violência coletiva engendra, levaram muita gente admirável à falsa esperança de que uma nova comunidade e um "novo homem" surgiriam dela. Esperança ilusória pela simples razão que nenhum relacionamento humano é mais transitório do que este tipo de irmandade que só pode se efetivar em condições de risco iminente de vida e morte.

No entanto isto é somente um dos lados da questão. Fanon conclui seu louvor à prática da violência observando que neste tipo de luta o povo compreende que "a vida é um combate sem fim", que a violência é um elemento da vida. E isto não soa plausível? Os homens não estão sempre identificando morte com "descanso eterno", do que segue que onde há vida há luta e fadiga? A quietude não é uma clara manifestação de falta de vida ou decadência? A ação violenta não é prerrogativa dos jovens — os que presumivelmente estão cheios de vida? Portanto não seria louvar a vida o mesmo que louvar a violência? De qualquer forma, Sorel pensou sobre isto há sessenta anos. Ele previu antes de

Spengler o "Declínio do Ocidente", tendo observado claros sinais de atenuação na luta de classes na Europa. A burguesia, argumenta ele, perdeu a "energia" para desempenhar seu papel na luta de classes; somente persuadindo o proletariado a usar a violência para reativar as diferenças de classes e despertar o espírito de luta da burguesia poderia a Europa ser salva[90].

Assim, muito antes que Konrad Lorenz descobrisse a função de estímulo vital da agressão no reino animal, a violência já era louvada como uma manifestação da força vital e, especificamente, da criatividade da vida. Sorel, inspirado no *élan vital* de Bergson, pretendia uma filosofia de criatividade projetada para "produtores" e dirigida polemicamente contra a sociedade de consumidores e seus intelectuais; ambos os quais, percebeu ele, eram parasitas. A imagem do burguês — pacífico, complacente, hipócrita, inclinado ao prazer, sem desejo de poder, antes um produto tardio do capitalismo do que seu representante — e a imagem do intelectual, cujas teorias são "interpretações da vontade" ao invés de "expressões da vontade"[91], são auspiciosamente contrabalançadas, na sua obra, pela imagem do trabalhador. Sorel vê o trabalhador como o "produtor" que criará as novas "qualidades morais necessárias para aumentar a produção", destruirá "os Parlamentos (que) são tão dirigidos quanto assembléias de acionistas"[92], e se oporá "à imagem do progresso... a imagem da catástrofe total", e então uma "espécie de onda irresistível passará sobre a antiga civilização"[93]. Tais novos valores mostram não serem muito novos. São o sentimento de honra, o desejo de fama e glória, o espírito da luta sem ódio e "sem o espírito de vingança", e indiferença às vantagens materiais. Contudo, são de fato as virtudes que estavam virtualmente ausentes da sociedade burguesa[94]. "A guerra social, apelando para a honra que cresce tão naturalmente em qualquer exército organizado, pode eliminar os maus sentimentos contra os quais a moralidade ficaria impotente. Se fosse esta a única razão... ela sozinha,

---

(90) SOREL. *Op. cit.* cap. 2, "On Violence and the Decadence of the Middle Classes".
(91) *Ibidem,* "Introduction, Letter to Daniel Helevy", iv.
(92) *Ibidem,* cap. 7, "The Ethics of the Producers", I.
(93) *Ibidem,* cap. 4, "Tre Proletarian Strike", II.
(94) *Ibidem,* ver especialmente o capítulo 5, III e o capítulo 3, "Prejudices against Violence", III.

parece-me, seria decisiva a favor dos apologistas da violência"[95].

Muito se pode aprender de Sorel sobre os motivos que levam os homens a glorificar a violência em teoria, e mais ainda se aprende com Vilfredo Pareto, seu festejado contemporâneo italiano, também de formação francesa. Fanon, que tinha uma intimidade com a prática da violência infinitamente maior que eles, foi muito influenciado por Sorel, cujas categorias usava mesmo quando sua própria experiência ia claramente contra elas[96]. A experiência decisiva que persuadiu Sorel e Pareto a realçar o papel da violência nas revoluções foi o Caso Dreyfus na França, onde, como disse Pareto, eles ficaram "espantados de ver (os partidários de Dreyfus) empregando contra seus oponentes os mesmos métodos vis que eles próprias tinham denunciado"[97]. Naquele ponto eles descobriram o que hoje chamamos de *Establishment* e o que antes era chamado de Sistema, e foi esta descoberta que os fez voltarem-se para o louvor da ação violenta e que fez Pareto, por seu lado, perder as esperanças na classe dos trabalhadores. (Pareto compreendeu que a rápida integração dos trabalhadores no corpo social e político da nação realmente levava a uma "aliança da burguesia com os trabalhadores", a um "aburguesamento" destes, que deu então, segundo ele, nascimento a um novo sistema, o qual ele chamou de "Pluto-democracia" — uma forma mista de governo onde plutocracia é o regime dos burgueses e democracia o regime dos trabalhadores.) Sorel perdurou na sua fé

---

(95) *Ibidem*, Apêndice 2, "Apology for Violence".

(96) Isto foi recentemente realçado por BARBARA DEMING em seu apelo pela ação não-violenta — "On Revolution and Equilibrium", In: *Revolutions Violent and Nonviolent*, reimpressão de *Liberation*, fevereiro de 1968. Ela diz sobre Fanon na p. 3: "Estou convencida de que ele também pode ser citado para apelos à não-violência. ...) Sempre que se encontra a palavra 'violência' em suas páginas, substitua-se por 'ação radical e descomprometida'. Sustento que a menos de algumas poucas passagens, esta substituição pode ser feita, e a ação pela qual ele clama também poderia ser ação não-violenta". Ainda mais importante para meus propósitos: a Srta. Deming tenta também diferenciar claramente entre poder e violência, e reconhece que "ruptura não-violenta" significa "exercer força... Recorre até mesmo ao que só se pode chamar de força física" (p. 6). No entanto curiosamente subestima o efeito desta força da ruptura, que só se detém perto da injúria física, quando ela diz: "os direitos humanos do adversário são respeitados" (p. 7). Só o direito do oponente à vida, e nenhum outro dos direitos humanos, é realmente respeitado. O mesmo é, naturalmente, verdadeiro para os que advogam que "violência contra as coisas" é oposta a "violência contra pessoas".

(97) Citado do instrutivo ensaio de S. E. FINER: "Pareto and Pluto-Democracy: The Retreat to Galapagos", In: *The American Political Science Review*, junho de 1968.

marxista na classe dos trabalhadores porque estes eram os "produtores", o único elemento criador na sociedade, aqueles que, segundo Marx, eram compelidos a liberar as forças produtoras da humanidade; o problema era que assim que os trabalhadores alcançavam um nível satisfatório nas condições de trabalho e vida, obstinadamente se recusavam a continuar proletários e a desempenhar o papel de revolucionários.

Uma outra coisa, no entanto, que só se tornou completamente manifesta nas décadas que sucederam as mortes de Sorel e Pareto, foi incomparavelmente mais desastrosa para tal ponto de vista. O enorme crescimento da produtividade no mundo moderno não foi de modo algum devido a um aumento de produtividade dos trabalhadores, mas exclusivamente ao desenvolvimento da tecnologia e isto não dependeu nem da classe dos trabalhadores nem da burguesia, mas dos cientistas. Os "intelectuais", desprezados por Sorel e Pareto, repentinamente deixaram de ser um grupo social marginal e surgiram como uma nova elite cujo trabalho, tendo alterado as condições da vida humana de um modo quase que absoluto em poucas décadas, tornaram-se essenciais para o funcionamento da sociedade. Há muitas razões pelas quais este novo grupo não evoluiu, ou ainda não, para uma elite de poder, mas certamente podemos crer, como Daniel Bell, que "não somente os melhores talentos, mas eventualmente todo o complexo de prestígio e *status* social, estarão arraigados às comunidades intelectuais e científicas"[98]. Seus membros estão mais dispersos e menos vinculados por claros interesses do que outros grupos do velho sistema de classes; assim, eles não têm motivação para se organizarem e falta-lhes experiência em tudo que se refere ao poder. E além disso, estando muito mais legados às tradições culturais, das quais faz parte a tradição revolucionária, eles se apegam com enorme tenacidade às concepções do passado, que os impedem de compreender o presente e seus próprios papéis nele. É muito comovente observar com que sentimentos nostálgicos os mais rebeldes dos nossos estudantes esperam que o "verdadeiro" ímpeto revolucionário venha dos grupos sociais que os denunciam tanto mais veementemente quanto mais tenham a perder com

[98] "Notes on the Post-Industrial Society", *The Public Interest*, N.º 6, 1967.

qualquer coisa que perturbe o bom funcionamento da sociedade de consumo. De qualquer modo — e eu acho que há muitas razões para se ficar tanto temeroso quanto esperançoso — a classe realmente nova e potencialmente revolucionária da sociedade consistirá de intelectuais, e seu poder potencial, ainda não constatado, é muito grande, talvez grande demais para o bem da humanidade[99]. Mas isto não passa de especulação.

Seja como for, no nosso contexto estamos primordialmente interessados no estranho renascimento das filosofias de vida de Bergson e Nietzsche na sua versão soreliana. Todos sabemos em que proporções a velha combinação de violência, vida e criatividade figura no revoltado estado de espírito da atual geração. Sem dúvida a ênfase deles na pura fatualidade da vida — o fazer-amor como uma das manifestações mais gloriosas da vida — é uma resposta para a possibilidade real de se construir a máquina do Juízo Final e acabar com toda a vida na Terra. Mas as concepções que guiam os novos glorificadores da vida não são novas. Encarar a produtividade da sociedade à imagem da "criatividade" da vida é pelo menos tão velho como Marx; acreditar que a violência é uma força de estímulo vital é pelo menos tão velho como Nietzsche; e imaginar a criatividade como uma dos maiores bens do homem é pelo menos tão velho quanto Bergson.

E a justificação biológica da violência, aparentemente tão nova, está intimamente ligada aos mais perniciosos elementos das nossas mais antigas tradições de pensamento político. De acordo com o conceito tradicional, o poder, identificado à violência, como já vimos, é expansionista por natureza. "Tem uma urgência íntima de crescer"; é criador porque o "instinto de crescimento é próprio dele"[100]. Assim como tudo na área da vida orgânica, ou cresce, ou declina e morre, na área dos assuntos humanos o poder supostamente só pode se suster através da expansão; de outro modo ele definha e morre. "O que pára de crescer começa a apodrecer", diz um ditado russo da *entourage* de Catarina a Grande. Os reis, dizem, eram mortos "não por sua tirania, mas por sua fraqueza. O povo erigia cadafalsos não como punição moral ao despotismo, mas

(99) Ver apêndice XVI, p. 196.
(100) JOUVENEL, *op. cit.*, pp. 114 e 23, respectivamente.

como uma pena *biológica* pela fraqueza" (o grifo é nosso). As revoluções, conseqüentemente, eram dirigidas contra os poderes estabelecidos "somente para quem via de fora". Sua verdadeira "finalidade era dar ao Poder um novo vigor e equilíbrio, arrasando os obstáculos que por longo tempo tinham obstruído seu desenvolvimento"[101]. Quando Fanon fala da "loucura criativa" existente na ação violenta está pensando nesta tradição[102].

Nada, na minha opinião, poderia ser teoricamente mais perigoso para questões políticas que a tradição do pensamento orgânico, pelo qual o poder e a violência são interpretados em termos biológicos. Do modo como estes termos são entendidos hoje, a vida e a suposta criatividade da vida são os denominadores comuns do poder e da violência, de tal modo que a violência é justificada no campo da criatividade. As metáforas orgânicas com as quais estão saturadas quaisquer discussões sobre estes assuntos, especialmente sobre os tumultos — a idéia da "sociedade doente" onde os sintomas são os tumultos, assim como a febre é um sintoma de infecção — só pode acabar por estimular a violência. Assim, o debate entre os que propõem meios violentos para restaurar a "lei e a ordem" e os que propõem reformas não-violentas começa a soar incrivelmente como a discussão entre dois médicos que debatem as vantagens relativas do tratamento médico ou da cirurgia para o paciente. Quanto mais doente estiver o paciente, mais provável é que o cirurgião tenha a última palavra. Além disso, enquanto falarmos em termos não-políticos, biológicos, os glorificadores da violência sempre poderão apelar para o fato inegável de que no seio da natureza a destruição e a criação não são mais que os dois lados do processo natural, de maneira que a ação violenta coletiva, independentemente de sua atração inerente, pode aparecer como um pré-requisito natural para a vida coletiva da humanidade, como o são a luta pela sobrevivência e a morte violenta para a continuidade da vida no reino animal.

O perigo de se ser arrastado pela enganosa plausibilidade destas metáforas orgânicas é especialmente grande quando se trata de questões raciais. O racismo, tanto o branco quanto o negro, é, por definição, satu-

(101) *Ibidem*, pp. 187 e 188.
(102) FANON, *Op. cit.* p. 95.

rado de violência, porque contesta fatos orgânicos naturais — a pele branca ou negra — que não podem ser alterados por nenhum poder ou tentativa de persuação; tudo o que se pode fazer, quando acabam as fichas num jogo, é exterminar quem as possui. O racismo, mas não a raça, não é um fato da vida, mas uma ideologia, e as ações às quais ele leva não são atos reflexos, mas atos deliberados baseados em teorias pseudocientíficas. A violência na luta inter-racial é sempre assassina, mas não é "irracional"; é a conseqüência lógica e racional do racismo, pelo qual não me refiro a algum vago preconceito de qualquer dos lados, mas a um sistema ideológico explícito. Sob pressão do poder, os preconceitos, mas não os interesses e ideologias, podem ceder — como vimos acontecer com o altamente bem sucedido movimento pelos direitos civis, que era totalmente não-violento. ("Em 1964... muitos norte-americanos estavam convencidos de que a subordinação e, em menor grau, a segregação eram erradas."[103]) Mas enquanto os boicotes, *sit-ins* e passeatas tinham êxito na eliminação de leis e regulamentos discriminatórios sulistas, conheceram fracassos completos e tornaram-se mesmo contraproducentes quando vieram de encontro com as condições sociais dos grandes centros urbanos — por um lado, as duras necessidades dos guetos negros, e por outro, os negligenciados interesses dos grupos brancos de renda baixa com relação a moradia e educação. Tudo que estes modos de ação poderiam fazer, e realmente fizeram, era trazer para as ruas estas condições, onde estava perigosamente exposta a impossibilidade básica de reconciliação de interesses.

Mas mesmo a violência dos dias de hoje, os tumultos negros, e a violência potencial da represália branca não são ainda manifestações de ideologias racistas e suas lógicas assassinas. (Tumultos, como foi dito recentemente, são "protestos articulados em defesa de queixas genuínas"[104]; e na verdade a "limitação e a seletividade — ou seja... racionalidade, estão certamente entre suas mais decisivas características"[105]. E o mesmo é verdade

(103) Fogelson, Robert M. "Violence as Protest". In: *Urban Riots: Violence and Social Change*, Ata da Academia de Ciência Política, Universidade de Colúmbia, 1968.
(104) *Ibidem*.
(105) *Ibidem*. Ver também o excelente artigo "Official Interpretation of Racial Riots" de Allan A. Silver na mesma coleção.

para o fenômeno da represália que, contrariamente a qualquer previsão, ainda não foi caracterizado como violência até agora. É a reação perfeitamente racional de certos grupos de interesses que protestam furiosamente contra o fato de terem sido escolhidos para pagarem sozinhos o preço de políticas de integração mal planejadas, de cujas conseqüências seus autores podem facilmente fugir.[106]) O maior perigo vem de outra direção; uma vez que a violência sempre precisa ser justificada, uma escalada de violência nas ruas pode gerar uma ideologia verdadeiramente racista para justificá-la. O racismo negro, tão ruidosamente evidente no "Manifesto" de James Forman é provavelmente antes uma reação à agitação caótica dos últimos anos do que sua causa. Poderia, naturalmente, provocar uma represália branca realmente violenta, cujo maior perigo seria a transformação dos preconceitos dos brancos numa ideologia racista madura para a qual a "lei e a ordem" se tornariam realmente mera fachada. Em tal situação, improvável até agora, o clima de opinião do país teria que deteriorar a tal ponto que a maioria dos cidadãos estivesse dispostos a pagar o preço do terror invisível de um estado policial pela lei e pela ordem nas ruas. O que existe agora, uma espécie de represália policial brutal e altamente visível, não é nada parecido.

O modo de agir e os argumentos nos conflitos de interesses não são notórios pela sua "racionalidade". Nada, infelizmente, tem sido mais refutado pela realidade do que o credo do "interesse pessoal esclarecido", tanto em sua versão literal como na variante mais sofisticada de Marx. Alguma experiência somada a um pouco de reflexão mostra, ao contrário, que ser esclarecido contraria a própria natureza do interesse pessoal. Tomemos como exemplo o corriqueiro conflito de interesses entre o inquilino e o proprietário: um interesse esclarecido se fixaria num edifício próprio para habitação humana; mas este interesse é bem diferente, e às vezes até mesmo oposto, ao interesse do proprietário em altos lucros e do inquilino em aluguel baixo. A resposta normal de um árbitro, o suposto porta-voz do "sentimento esclarecido", a qual seja, que *a longo prazo* os interesses do edifício são os *verdadeiros* interesses tanto

(106) Ver apêndice XVII, p. !97.

do inquilino como do proprietário, não leva em conta o fator tempo que é de fundamental importância em tudo isto. O interesse pessoal está relacionado à pessoa, e a pessoa morre ou muda ou vende a casa; e em conseqüência desta condição cambiante, ou seja, em conseqüência desta condição humana de mortalidade, a pessoa como pessoa não pode pensar em termos de interesses a longo prazo, isto é, em interesses de um mundo que sobrevive a seus habitantes. A deterioração do edifício é uma questão de anos; um aumento de aluguel ou um lucro temporariamente menor é uma questão imedita. E assim se passa também, *mutatis mutandis,* nos conflitos entre empregadores e empregados, e em outros mais. O interesse pessoal quando é convidado a ceder ante o interesse "sincero" — ou seja, o interesse do mundo em oposição ao interesse pessoal — sempre replicará: Minha camisa está perto, porém mais perto está minha pele. O que pode não parecer exatamente razoável, mas é bastante realista; é uma reação não muito nobre, mas adequada à discrepância temporal entre a vida privada dos homens e a completamente diferente expectativa da vida do mundo público. Supor que o povo, que não tem a menor noção do que seja a *res publica,* a coisa pública, proceda em relação a interesses de uma maneira não-violenta e argumente racionalmente não é ser nem realista nem razoável.

A violência, sendo instrumental por natureza, é racional na medida em que for eficaz para alcançar o fim que a deve justificar. E uma vez que quando agimos nunca sabemos exatamente as conseqüências eventuais daquilo que estamos fazendo, a violência só pode ser racional se persegue objetivos a curto prazo. A violência não estimula causas, nem história nem revolução, nem progresso nem reação; mas serve para dramatizar ressentimentos e trazê-los ao conhecimento do público. Como observou certa vez Conor Cruise O'Brien (num debate sobre a legitimidade da violência no Teatro das Idéias), citando William O'Brien, o agitador agrário e nacionalista irlandês do século dezenove: Algumas vezes "a violência é o único modo de assegurar que a moderação seja ouvida". Pedir o impossível para obter o possível não é invariavelmente contraproducente. E na verdade, a violência, contrariamente ao que seus profetas nos tentam impingir, é mais a arma da reforma que da revolução. A França não teria recebido, desde Napoleão, seu mais radical projeto de lei para reformar seu antiquado sistema educacional se os estudantes não tivessem se revoltado; se não fosse pelos tumultos do fim da primavera, ninguém na Universidade de Colúmbia teria sonhado em reformar coisa alguma[107]; e provavelmente é verdade que na Alemanha Ocidental a existência de "minorias dissidentes só é notada quando eles partem para a provocação"[108]. Sem dúvida "a violência compensa", mas o problema é que compensa indiscriminadamente, tanto para "cursos personalizados" e aprendizado do Swahili como para reformas reais. E já que as táticas da violência e da desordem só fazem sentido para objetivos a curto prazo, é muito mais provável que, como aconteceu a pouco nos Estados Unidos, o poder estabelecido ceda a exigências absurdas e obviamente prejudiciais — tais como admitir estudantes sem as necessárias qualificações, ou instruí-los em assuntos sem interesse — caso estas "reformas" possam ser feitas com relativa facilidade, do que seja a violência eficiente em relação ao objetivo a longo prazo da reforma estrutural[109]. Além disso, mesmo que a violência influa conscientemente dentro de uma estrutura não-extremista de objetivos a curto prazo, sempre permanecerá o perigo de serem os fins sobrepujados pelos meios. Se os objetivos não são alcançados rapidamente, o resultado não será somente derrota, mas introdução da prática da violência em todo o corpo político. A ação é irreversível, e

(107) "Em Colúmbia, antes do levante do último ano, por exemplo, um relatório sobre a vida estudantil e outro sobre moradia para docentes, ficaram juntando poeira no gabinete do Reitor", como relatou FRED HOECHINGER no The Week in Review do *New York Times* de 4 de maio de 1969.

(108) RUDI DUTSCHKE, como foi citado no *Der Spiegel* de 10 de fevereiro de 1969, p. 27. Günter Grass, falando sobre isto depois do atentado a Dutschke na primavera de 1968, também realça a relação entre reformas e violência: "O movimento de protesto da juventude pôs em evidência a fragilidade de nossa democracia insuficientemente estabelecida. Nisto foi bem sucedido, mas não se sabe para onde levará este sucesso; ou realizará tardias reformas... ou... a incerteza que agora foi revelada proporcionará mercados promissores e propaganda grátis a falsos profetas". Ver Violence Rehabilitated, em: *Speak Out!*, New York, 1969.

(109) Outra questão, que não podemos discutir aqui, é até que ponto o sistema universitário ainda é capaz de se reformar. Não acredito que exista uma resposta geral. Ainda que a rebelião estudantil seja um fenômeno global, os sistemas universitários em si não são de modo algum uniformes e variam não apenas de país para país mas muitas vezes de instituição para instituição; soluções para o problema devem brotar e corresponder às condições estritamente locais. Desta forma, em alguns países a crise universitária pode mesmo se alargar para uma crise governamental — como o *Der Spiegel* (23 de junho de 1969) achava possível, discutindo a situação alemã.

a volta ao *status quo* em caso de derrota é sempre improvável. A prática da violência, como toda ação, muda o mundo, mas é mais provável que seja uma mudança para um mundo mais violento.

Por fim, voltando à denúncia de Sorel e Pareto do sistema como tal, quanto maior for a burocratização da vida pública, maior é o atrativo da violência. Numa burocracia completamente desenvolvida, não há ninguém com quem se possa argumentar, para quem se possa apresentar queixas, ou sobre quem possa ser exercida as pressões do poder. Burocracia é a forma de governo na qual todo mundo é destituído de liberdade política, do poder de agir; pois o domínio de Ninguém não é o não-domínio; e onde todos são igualmente impotentes tem-se uma tirania sem tirano. A característica decisiva das rebeliões estudantis no mundo todo é que eles se voltam em toda parte contra a burocracia dirigente. Isto explica o que à primeira vista parece tão perturbador — que as rebeliões no Leste exijam exatamente as liberdades de pensamento e expressão que os jovens rebeldes do Oeste dizem desprezar como irrelevantes. Ao nível das ideologias, a coisa toda é muito confusa; mas fica muito menos confusa se partirmos do fato óbvio de que as enormes máquinas partidárias conseguiram em toda parte sobrepujar a voz dos cidadãos, mesmo nos países onde a liberdade de expressão e associação continua intacta. Os dissidentes e os resistentes do Leste exigem liberdade de expressão e pensamento como condições preliminares para a ação política; os rebeldes do Oeste vivem em condições tais que estas condições preliminares já não abrem o caminho para a ação, para a significativa prática da liberdade. O que importa para eles, na verdade, é *"Praxisentzug"* — a suspensão da ação, como disse acertadamente Jens Litten, um estudante alemão[110]. A transformação do governo em administração, ou das repúblicas em burocracias, e a desastrosa diminuição da esfera de influência pública que a acompanhou, têm uma história longa e complicada por toda a Idade Contemporânea; e este processo se acelerou consideravelmente nos últimos cem anos com o aparecimento das burocracias partidárias. (Há setenta anos atrás Pareto reconheceu que "a liberdade... ou seja, o poder de agir, se reduz de dia para dia, exceto para

(110) Ver apêndice XVIII, p. 198.

criminosos, nos chamados países livres e democráticos[111].) O que torna o homem um ser político é sua faculdade de agir; ela o capacita a se unir a seus pares, atuar de comum acordo e partir para metas e empreendimentos que nunca lhe passariam pela cabeça, sem falar nos seus desejos reais, se não lhe tivesse sido dada a dádiva de iniciar coisas novas. Filosoficamente falando, agir é a resposta humana à condição da natalidade. Já que todos nós chegamos ao mundo em virtude do nascimento, estamos aptos, como recém-chegados e principiantes, a começar algo novo; sem o fator nascimento nem sequer saberíamos o que é a novidade, e qualquer "ação" não passaria de comportamento ou preservação comum. Nenhuma outra faculdade senão a linguagem, nem mesmo a razão ou a consciência, diferencia o homem tão radicalmente das outras espécies animais. Agir e começar não são a mesma coisa, mas estão intimamente ligados.

Nenhuma das propriedades da criatividade é adequadamente expressa por metáforas retiradas do processo vital. Gerar e dar à luz são tão criativos quanto morrer é aniquilante; não passam de fases diferentes do mesmo ciclo eternamente repetitivo, que abarca todas as coisas vivas como se elas estivessem enfeitiçadas. Nem a violência nem o poder são fenômenos naturais, isto é, manifestações do processo vital; pertencem ao domínio político dos assuntos humanos cuja qualidade essencialmente humana é garantida pela faculdade do homem de agir, isto é, pela sua capacidade de principiar algo novo. E a meu ver pode ser demonstrado que nenhuma outra capacidade humana sofreu tanto com o progresso da nossa era, pois progresso, como o entendemos agora, significa crescimento, o implacável processo de ser cada vez mais, cada vez maior. Quanto maior se torna um país em termos de população, de objetivos e de possessões, maior é a necessidade de administração, e, em consequência, maior é o poder anônimo dos administradores. Pavel Kohut, um autor tcheco, escrevendo no apogeu da tentativa de libertação da Tchecoslováquia, definiu o "cidadão livre como o "cidadão co-dirigente". Referia-se nada mais nada menos que à "democracia participante" da qual tanto ouvimos falar nos últimos anos no Ocidente. Kohout acrescentou que talvez o que o mundo mais

(111) PARETO, citado da *op. cit.* de Finer.

precise seja "um novo exemplo", se é que "os próximos mil anos não estejam para se tornar uma era de macacos supercivilizados" — ou, ainda pior, "de homens transformados em galinhas ou ratos", dirigidos por uma "elite" que retira seu poder "dos sábios conselhos de... ajudantes intelectuais" que realmente acreditam que os homens dos centros de assessoramento são pensadores e que computadores podem pensar; "estes conselhos podem acabar mostrando-se incrivelmente traiçoeiros e, ao invés de perseguirem objetivos humanos, poderão perseguir problemas completamente abstratos que tenham sido alterados de um modo imprevisto pelo cérebro eletrônico"[112].

Este novo exemplo dificilmente se ajustará à prática da violência, embora eu esteja inclinada a pensar que a maior parte da atual glorificação da violência seja causada por uma profunda frustração da faculdade de agir no mundo moderno. É a pura verdade que a agitação nos guetos e as rebeliões nos *campi* fazem "o povo perceber que estão atuando em conjunto de uma maneira que nem sempre podem"[113]. Não sabemos se estas ocorrências são os primórdios de alguma coisa nova — o "novo exemplo" — ou a agonia de morte de uma faculdade que a humanidade está em vias de perder. Do modo como vão as coisas hoje, vendo as superpotências se atolarem sob o monstruoso peso de suas próprias grandezas, a impressão é que o estabelecimento do "novo exemplo" só terá chance, e se a tiver, num pequeno país, ou em setores pequenos e bem definidos das sociedades de massa das grandes potências.

Os processos de desintegração, que se tornaram tão evidentes nos últimos anos — a decadência dos serviços públicos: escolas, polícia, entrega de correspondência, coleta de lixo, transporte, etc.; a taxa de mortalidade nas rodovias e os problemas de trânsito nas cidades; a poluição do ar e da água — são os resultados automáticos das necessidades das sociedades de massa que se tornaram incontroláveis. São acompanhados e muitas vezes acelerados pelo simultâneo declínio dos diversos sistemas partidários, todos de origem mais ou menos

---

(112) Ver *Briefe über die Grenze*, de GÜNTER GRASS e PAVEL KOHOUT, Hamburgo, 1968, pp. 88 e 90, respectivamente; e ANDREI D. SAKHAROV, *op. cit.*
(113) GANS, Herbert J. "The Ghetto Rebelions and Urban Class Conflict". In: *Urban Riots, op. cit.*

recentes e planejados para prover as necessidades políticas das massas — no Oeste para tornar o governo representativo possível quando a democracia direta já não o pudesse fazer porque "a sala não suportará a todos" (John Selden), e no Leste para tornar o domínio absoluto sobre vastos territórios mais eficaz. A grandeza é atormentada pela vulnerabilidade; fendas na estrutura do poder de todos os países, menos os pequenos, estão se abrindo e ampliando. E, embora ninguém possa dizer com segurança onde e quando o ponto de ruptura será atingido, podemos observar, e quase medir, o modo como a força e o poder de recuperação de nossas instituições são insidiosamente destruídos, escoando-se delas, por assim dizer, gota após gota.

Além do mais, há a recente aparição de um novo e curioso tipo de nacionalismo, normalmente entendido como uma guinada para a direita, mas que é mais provavelmente o indício de um crescente ressentimento mundial contra a "grandeza" como tal. Enquanto os sentimentos nacionais tendiam antigamente a unir diversos grupos étnicos, concentrando seus pontos de vista políticos na nação como um todo, observa-se agora que um "nacionalismo" étnico começa a ameaçar com a dissolução os mais antigos e bem estabelecidos estados-nações. Os escoceses e os galeses, os bretões e os provençais, grupos étnicos cuja bem sucedida assimilação foi o pré-requisito para a ascenção do estado-nação, e que pareciam completamente assimilados, voltam-se agora para o separatismo, rebelando-se contra os governos centralizados em Londres e Paris. E justamente agora que a centralização, sob o impacto da grandeza, se mostra contraproducente em si mesma, os Estados Unidos, fundados conforme o princípio federalista da divisão de poderes e cujo poderio durará somente enquanto esta divisão for respeitada, se atirou impetuosamente com o aplauso unânime de todas as forças "progressistas" na nova experiência (para a América) da administração centralizada — onde o governo federal subjuga os poderes dos estados e o poder executivo mina os poderes do Congresso[114]. É como se a mais bem sucedida das colônias européias quisesse compartilhar o decadente destino das Metrópoles, repetindo apressadamente aque-

[114] Ver o importante artigo de HENRY STEELE COMMAGER, nota. 74.

les mesmos erros que os idealizadores da Constituição pretendiam corrigir e eliminar.

Quaisquer que sejam as vantagens e desvantagens da centralização, seu resultado político é sempre o mesmo: a monopolização do poder causa a evaporação ou o esvasiamento de todas as autênticas fontes de poder do país. Nos Estados Unidos, firmado numa grande pluralidade de poderes com seus mútuos controles e equilíbrios, não nos deparamos somente com a desintegração das estruturas do poder, mas com o poder, perdendo sua garra e tornando-se ineficaz, embora aparentemente ainda intacto e pronto para se manifestar. Falar da impotência do poder já não é mais um paradoxo mordaz. A cruzada do senador Eugene McCarthy em 1968 "para testar o sistema" trouxe à tona o ressentimento popular contra aventuras imperialistas, proporcionou um elo entre a oposição no Senado e a oposição nas ruas, forçou uma extraordinária mudança (temporária pelo menos) na política, e demonstrou com que rapidez a maioria dos jovens rebeldes podem se desalienar e correr na primeira oportunidade, não para abolir o sistema, mas para fazê-lo funcionar de novo. Mas ainda assim todo este poder poderia ser esmagado pela burocracia do partido que, contrariamente a toda tradição, preferiu perder a eleição presidencial com um candidato impopular simplesmente porque ele era um *apparatchick*. (Algo semelhante aconteceu quando Rockefeller perdeu a indicação para Nixon na Convenção Republicana).

Há outros exemplos para demonstrar as curiosas contradições inerentes à importância do poder. Em conseqüência da enorme eficiência do trabalho de equipe nas ciências, o que talvez seja a mais notável contribuição norte-americana à ciência moderna, podemos controlar os processos mais complicados com tal precisão que faz uma viagem à lua menos perigosa que um simples passeio de fim de semana; no entanto a chamada "maior potência da Terra" está desamparada para terminar uma guerra claramente desastrosa para todos os envolvidos, num dos menores países da Terra. É como se estivéssemos sob algum encantamento, que nos permitisse realizar o "impossível" com a condição de não podermos mais fazer o possível, para realizarmos proezas fantasticamente extraordinárias com a condição de não sermos mais capazes de atender nossas mais banais necessidades diárias. Se o poder tem alguma coisa a ver com o *"queremos* e podemos", em oposição ao mero "podemos", então temos que admitir que nosso poder se tornou impotente. Os progressos feitos pela ciência não têm nada a ver com o "quero"; eles seguem suas próprias leis inexoráveis, compelindo-nos a fazer o que podemos sem olhar as conseqüências. Será que o "quero" e o "posso" se separaram? Estaria Valéry certo quando disse há cinqüenta anos: "On peu dire tout ce que nous *savons, c'est-à-dire tout ce que nous pouvons, a fini par s'opposer à ce que nous sommes?"* ("Pode-se dizer que tudo que sabemos, isto é, tudo que podemos, acabou por se voltar contra o que somos".)

Ainda uma vez não sabemos onde tais desenvolvimentos vão nos levar, mas sabemos, ou deveríamos saber, que todo declínio de poder é um convite aberto à violência — mesmo porque os que detêm o poder e o sentem escapando das mãos, sejam eles os governantes ou os governados, sempre acham difícil resistir à tentação de substituí-lo pela violência.

APÊNDICES

I — P. 115, NOTA 16

O Professor B. C. Parekh, da Hull University, Inglaterra, gentilmente chamou minha atenção para a seguinte passagem no parágrafo sobre Feuerbach da *Ideologia Alemã* (1846) de Marx e Engels, sobre o qual Engels escreveu mais tarde· "A parte acabada... só prova como era incompleto naquele tempo nosso conhecimento de história econômica". "Tanto para a produção numa escala de massa da consciência comunista, como para o sucesso da própria causa, a inovação do homem (*des Menschen*) numa escala de massa é necessária, uma inovação que só pode ocorrer num movimento prático, uma *revolução;* tal revolução é necessária, portanto, não apenas porque a classe dominante não pode ser derrubada por qualquer outro modo, mas porque a classe que a *derrubar* só numa revolução pode conseguir se livrar da sujeira dos tempos e tornar-se apta a edificar uma nova sociedade." (Citado da edição de R. Pascal, New York, 1960, pp. XV e 69.). De um certo modo, mesmo nestas elocuções pré-marxistas, a distinção entre as posições de Marx e Sartre é evidente. Marx fala de "inovação do homem numa escala de massa", e da "produção em massa de consciência", não da libertação de um indivíduo através de um ato isolado de violência. (Para o texto alemão, ver *Gesamtausgabe* de Marx/Engels, 1932, I. Abteilung, v. 5, pp. 59 e seguinte.)

II — P. 115, NOTA 17

O afastamento inconsciente da Nova Esquerda em relação ao marxismo tem sido devidamente observado. Ver especialmente comentários recentes sobre o movimento estudantil de Leonard Schapiro no *New York Review of Books* (5 de dezembro de 1968) e de Raymond Aron em *La Révolution Introuvable*, Paris, 1968. Ambos consideram a recente ênfase na violência como sendo um retrocesso, ou para o socialismo utópico de antes de Marx (Aron), ou para o anarquismo russo de Nechaev e Bakunin (Schapiro), que "muito tinha a dizer acerca da importância da violência como um fator de união, como a força aglutinante numa sociedade ou grupo, um século antes que as mesmas idéias aparecessem nas obras de Jean Paul Sartre e Frantz Fanon". Aron escreve sobre o mesmo assunto: *"Les chantres de la révolution de mai croient dépasser le marxisme... ils oublient un siècle d'histoire"* (p. 14). Para um não-marxista, tal reversão dificilmente poderia ser um argumento; mas para Sartre, que escreve, por exemplo: *"Un prétendu 'dépassement' du marxisme ne sera au pis qu'un retour ao pré-marxisme, au mieux que la redécouverte d'une pensée déjà contenue dans la philosophie qu'on a cru dépasser"* ("Question de Méthode" in *Critique de la raison dialectique*, Paris, 1960, p. 17), deve constituir uma formidável objeção. (É digno de nota que Sartre e Aron, embora oponentes políticos, estão em total acordo neste ponto. Isto mostra até que ponto o conceito hegeliano de história domina o pensamento de marxistas e não-marxistas.)

O próprio Sartre, na sua *Crítica da razão dialética*, dá uma espécie de explicação hegeliana para seu enlace com a violência. Seu ponto de partida é que "a necessidade e a escassez determinaram a base maniqueísta da ação e da ética" na história de hoje, "cuja realidade está baseada na escassez (e) deve se manifestar numa reciprocidade antagônica entre as classes". A agressão é a conseqüência da necessidade num mundo em que "não há o suficiente para todos". Nestas circunstâncias, a violência já não é um fenômeno marginal. "Violência e contraviolência são talvez contingências, mas são necessidades contingentes, e a conseqüência imperativa de qualquer tentativa para destruir esta desumanidade é que, destruindo no adversário a desumanidade do anti-homem, só posso destruir nele a humanidade do homem e constatar em mim sua desumanidade. Quer eu mate, torture, escravize.. meu propósito é suprimir sua liberdade — é uma força alheia, *de trop*." Seu modelo para uma situação na qual "cada um seja demais... cada um seja *redundante* para o outro" é uma fila de ônibus, cujos membros obviamente "não tomam conhecimento um do outro a não ser como um certo número de pessoas numa série quantitativa". Ele conclui, "Eles negam reciprocamente qualquer elo entre seus mundos interiores". Disto decorre que a praxis "é a negação da inovação, que é ela também, uma negação" — uma conclusão altamente bem-vinda, uma vez que a negação da negação é uma afirmação.

A falha do argumento me parece óbvia. Há uma enorme diferença entre "não tomar conhecimento" e "negar", entre "negar qualquer elo" com alguém e "negar" sua diversidade; e para uma pessoa sensata ainda há uma considerável distância para percorrer entre esta "negação" teórica e matar, torturar e escravizar.

A maior parte das citações acima tão tiradas de *Reason and Violence. A decade of Sartre's Philosophy, 1950-1960*, de R. D. LAING e D. G. COOPER, Londres, 1964, Parte Três. Isto parece válido porque Sartre no prefácio diz: "J'ai lu attentivement l'ouvrage que vous avez bien voulu me confier et j'ai eu le grand plaisir d'y trouver un exposé très clair et très fidèle de ma pensée".

III — P. 117, NOTA 20

Eles formam realmente um grupo promíscuo. Estudantes radicais se congregam facilmente com renunciantes, hippies, viciados em drogas e psicopatas. A situação é mais complicada ainda pela insensibilidade dos poderes estabelecidos quanto às distinções, muitas vezes sutis, entre crime e irregularidade, distinções estas de grande importância. *Sit-ins* e tomadas de edifícios não são o mesmo que sabotagem e revolta armada, e não é só uma diferença de grau. (Ao contrário da opinião de um membro do Conselho Deliberativo de Harvard, a tomada de um edifício da universidade por estudantes não é a mesma coisa que a invasão de uma filial do First National City Bank pelo populacho, simplesmente porque os estudantes invadem uma propriedade cujo uso certamente está sujeito a regras, mas à qual eles pertencem e que pertence a eles assim como aos docentes e à administração.) Mais alarmante ainda é a inclinação dos docentes e da administração em tratar os viciados em drogas e os elementos criminosos (no *City College* em New York e na *Cornell University*) com bem mais indulgência do que os rebeldes autênticos.

Helmut Schelsky, um cientista social alemão descreveu em 1961 (no *Der Mensch in der wissenschaftlichen Zivilisation*, Köln und Opladen, 1961) a possibilidade de um "niilismo metafísico" que queria dizer a recusa social e espiritual radical de "todo o processo de propagação tecnocientífica do homem", ou seja, a omissão em relação ao "mundo ascendente de uma civilização científica". Chamar esta atitude de "niilista" pressupõe aceitação do mundo moderno como o único mundo possível. O desafio dos jovens rebeldes se relaciona exatamente com este ponto. Tem um certo sentido inverter as coisas e afirmar Como Sheldon Wolin e John Schaar na *op. cit.*: "O grande perigo no momento é que os estabelecidos e respeitáveis... parecem preparados para seguir a mais profundamente niilista negação possível, que é a negação do futuro através da negação de seus próprios filhos, os portadores do futuro".

Nathan Glazer escreve, no artigo "Student Power at Berkeley", em *The Universities,* número especial de *The Public Interest;* Outono de 1968: "Os radicais estudantes me lembram mais os destruidores de máquinas *Luddite* do que os operários sindicalizados socialistas que conseguiram direitos de cidadãos e poder para os trabalhadores", e ele conclui de tal impressão que Zbigniew Bezezinski (num artigo sobre a Columbia no *The New Republic* de 1.º de junho de 1968) talvez estivesse certo no seu diagnóstico: "Freqüentemente as revoluções são os últimos espasmos do passado e, assim, não são realmente revoluções mas contra-revoluções, operando em nome das revoluções". Esta tendência a favor de marchar para a frente a qualquer preço não é estranha em dois autores geralmente considerados conservadores? E não é ainda mais estranho que Glazer ignorasse as decisivas diferenças entre as máquinas manufatureiras da Inglaterra do começo do século dezenove e o ferramental desenvolvido na metade do século vinte que se mostrou destrutivo mesmo quando aparentemente era benéfico — a descoberta da energia nuclear, a automação, os medicamentos, cujo poder de cura levou à superpopulação, e esta, por sua vez, muito provavelmente levará à inanição em massa, à poluição do ar etc.?

IV — P. 118, NOTA 23

Procurar precedentes e analogias onde não existem, evitar informar e refletir sobre o que se faz e se diz em relação aos próprios eventos, sob o pretexto de que devemos aprender as lições do passado, especialmente da época entre as duas guerras mundiais, tornou-se característica de um grande número de debates atuais. Completamente livre desta forma de escapismo é o esplêndido e inteligente relato de Stephen Spender sobre o movimento estudantil, citado acima. Ele é um dos poucos de sua geração que está completamente desperto para o presente *e* para lembrar-se de sua própria juventude suficientemente bem para conhecer as diferenças de disposição, estilo, pensamento e ação. (Os estudantes de hoje são completamente diferentes dos de Oxbridge, Harvard, Princeton ou Heidelberg de quarenta anos atrás", p. 165.) Mas a atitude de Spender é compartilhada por todos os que, não importa em qual geração, tenham estado realmente interessados no futuro do homem e do mundo e não por aqueles que jogam com ela. (Wolin e Schaar, *op. cit.,* falam do "renascimento do sentimento de compartilhar o destino" como uma ponte entre as gerações, o "nosso medo comum de que armas científicas possam destruir toda vida, que a tecnologia desfigurará cada vez mais os que moram nas cidades, assim como já corrompeu a Terra e obscureceu o céu"; que o " 'progresso' da indústria destruirá a possibilidade de trabalho interessante; e que as 'comunicações' apagarão os últimos vestígios das diversas culturas que foram a herança de todas as sociedades, menos as mais incivilizadas".) Parece natural que isto fosse mais freqüentemente verdadeiro para físicos e biólogos do que para cientistas sociais, apesar de que os estudantes das primeiras demoravam muito mais para se rebelarem que seus colegas das humanidades. Assim, Adolf Portmann, o famoso biólogo suíço, vê o hiato entre as gerações como não tendo nada, ou muito pouco, a ver com um conflito entre o Jovem e o Velho; coincide com o aparecimento da ciência nuclear; "a situação mundial resultante é completamente nova. (...) Não pode ser comparada nem mesmo à mais poderosa revolução do passado". (Num panfleto entitulado *Manipulation des Menschen als Schicksal und Bedrohung*, Zürich, 1969.) E o prêmio Nobel George Wald, de Harvard, no seu famoso discurso no M.I.T. em 4 de março de 1969, acertadamente realçou que tais mestres compreendem "as razões da inquietação (de seus alunos) melhor que eles mesmos", e ainda mais, "participam dela", *op. cit.*

V — P. 119, NOTA 25

A atual politização das universidades, corretamente deplorada, é comumente considerada culpa dos estudantes rebeldes, que são acusados de atacar as universidades porque elas constituem o elo mais fraco na cadeia do poder estabelecido. É perfeitamente verdade que as universidades não poderão sobreviver se "a imparcialidade intelectual e a pesquisa desinteressada da verdade" chegarem ao fim; e, o que é pior, é improvável que uma sociedade civilizada de qualquer espécie possa sobreviver ao desaparecimento dessas curiosas instituições cuja principal função social e política está justamente na sua imparcialidade e independência em relação à pressão social e poder político. Poder e verdade, ambos perfeitamente legítimos nas suas próprias prerrogativas, são fenômenos essencialmente distintos e objetivá-los resulta em modos de vida existencialmente diferentes. Zbigniew Brzezinski em "America in the Technotronic Age" (*Encounter* de janeiro de 1968) percebe este perigo mas, ou está resignado, ou pelo menos não está excessivamente alarmado com a possibilidade. A tecnotrônica, ele acredita, levará a uma nova "supercultura" sob a direção dos novos "intelectuais organizados e práticos". (Ver especialmente a recente análise crítica de Noam Chomsky "Objectivity and Liberal Scholarship" na *op. cit.*.) Bem, é muito mais provável que esta nova casta de intelectuais, antigamente chamados de tecnocratas, leve a uma época de tirania e total esterilidade.

Como quer que seja, a questão é que a politização das universidades pelo movimento estudantil foi precedida pela politização das universidades pelos poderes estabelecidos. Os fatos são bem conhecidos demais para serem enfatizados, mas é bom ter em mente que isto não é só uma questão de pesquisa militar. Henry Steele Commager recentemente denunciou "a universidade como uma agência de empregos" (*The New Republic*, 24 de fevereiro de 1968). De fato, "por nenhum esforço de imaginação se pode alegar que a Dow Chemical Co., a Marinha ou a CIA sejam empresas educacionais", ou instituições cuja meta seja a busca da verdade. E o prefeito John Lindsay levantou a questão do direito da universidade de se chamar "uma instituição especial, divorciada de objetivos mundanos, enquanto se ocupa da especulação imobiliária e ajuda a planejar e avaliar projetos para os militares no Vietnã". (*New York Times*, "The Week in Review," de 4 de maio de 1969). Pretender que a universidade é o "cérebro da sociedade" ou da estrutura do poder é uma tolice perigosa e arrogante — apenas porque a sociedade não é um "corpo", e muito menos um corpo sem cérebro.

Para evitar mal entendidos: concordo com Stephen Spender que seria uma loucura para os estudantes destruírem as universidades (embora sejam os únicos que possam efetivamente fazê-lo, simplesmente porque contam com maior número, e portanto poder real, de seu lado), já que os *campi* constituem não apenas sua base real, mas a única base possível. "Sem a universidade não haveria estudantes" (p. 22). Mas as universidades continuarão sendo uma base para os estudantes somente enquanto elas proporcionarem o único lugar na sociedade onde o poder não tem a última palavra — não obstante todas as deturpações e hipocrisias em contrário. Na situação atual, há o perigo de tanto os estudantes como os poderes constituídos (como no caso de Berkeley) se radicalizarem perigosamente; se isto acontecer, os jovens rebeldes terão traçado mais uma linha no que foi acertadamente chamado de "esboço do desastre". (Professor Richard A. Falk, de Princeton).

VI — P. 121, NOTA 30

Fred M. Hechinger, no artigo "Campus Crisis" no *New York Times* ("The Week in Review") de 4 de maio de 1969, escreve: "Como as exigências dos estudantes negros especialmente são comumente justificadas em substância... a reação é geralmente de simpatia". Parece característico das atitudes de hoje nestes assuntos que o "Manifesto to the White Christian Churches and the Jewish Synagogues in the United States and all other Racist Institutions", de James Forman, embora lido e distribuído publicamente e assim certamente fossem "novidades apropriadas para imprimir", permaneceu não publicado até que o *New York Review of Books* (10 de julho de 1969) o imprimiu sem a Introdução. Seu conteúdo, sem dúvida, é fantasia meio analfabeta, e não pode ser considerado seriamente. Mas é mais que uma simples piada, e não é segredo que a comunidade negra lamentavelmente se entrega a tais fantasias hoje. É compreensível que as autoridades estejam atemorizadas. O que não pode ser nem compreendido nem perdoado é sua falta de imaginação. Não é óbvio que o Sr. Forman e seus seguidores, não encontrando oposição na comunidade em geral e até ganhando algum dinheiro apaziguador, serão forçados a tentar executar um programa no qual talvez nem eles próprios jamais tenham acreditado?

VII — P. 121, NOTA 31

Numa carta para o *New York Times* (datada de 9 de abril de 1969), Lynd menciona somente "ações disruptivas não-violentas tais como greves, *sit-ins*", ignorando em prol de seus propósitos os distúrbios tumultuadamente violentos da classe dos trabalhadores na década de vinte, e levanta a questão por que motivo estas táticas "aceitas por uma geração nas relações patrão-empregado... são rejeitadas quando praticadas num *campus?* (...) quando um organizador sindical é destituído de tribuna na fábrica, seus companheiros cruzam os braços até que a polêmica seja resolvida". É como se Lynd tivesse aceito uma imagem da universidade, infelizmente freqüente entre os membros do conselho e administradores, segundo a qual o *campus* pertence ao conselho deliberativo, que contrata os administradores para gerir sua propriedade, que por sua vez contrata os docentes como empregados para servirem seus clientes, os estudantes. Não há nenhuma realidade que corresponda a esta "imagem". Não importa a que ponto os conflitos se tornem agudos no mundo acadêmico; eles não são uma questão de interesse conflitantes e guerra de classes.

VIII — P. 121, NOTA 32

Bayard Rustin, o líder negro dos direitos civis, disse tudo o que precisava ser dito sobre o assunto: os funcionários das universidades deviam "parar de capitular ante as estúpidas exigências dos estudantes negros"; é errado que o "sentimento de culpa e o masoquismo de um grupo permita a uma outra parcela da sociedade pegar em armas em nome da justiça"; os estudantes negros estavam "sofrendo o choque da integração" e procurando "uma saída fácil para seus problemas"; os estudantes negros precisam de "treinamento remediativo" de modo que "possam aprender matemática e escrever sentenças corretas", e não "cursos personalizados". (Citado do *Daily News* de 28 de abril de 1969). Que repercussão sobre o estado moral e intelectual de uma sociedade na qual muita coragem era necessária para expressar bom senso nestes assuntos! Mais assustadora ainda é a possibilidade muito provável de que em cinco ou dez anos tal "aprendizado" de Swahili (uma não-linguagem do século dezenove falada pelas caravanas árabes de marfim e escravos, uma mistura híbrida de um dialeto Bantu com um monstruoso vocabulário emprestado do árabe; ver a Enciclopédia Britânica, 1961), literatura africana e outras matérias não existentes, sejam interpretadas como uma outra armardilha do homem branco para impedir os negros de obter uma educação adequada.

IX — P. 123, NOTA 36

O "Manifesto" de James Forman (adotado pela Conferência Nacional do Desenvolvimento Econômico dos Negros), que já mencionei e que ele apresentou às Igrejas e Sinagogas como "apenas o princípio das reparações a nós devidas, como um povo que tem sido explorado e degradado, brutalizado, assassinado e perseguido", é como um exemplo clássico de sonhos tão fúteis. Segundo ele, "decorre das leis da revolução que os mais oprimidos farão a revolução", cujo objetivo derradeiro é: "precisamos assumir a liderança, o controle total... dentro dos Estados Unidos, de tudo que exista. Passou o tempo em que éramos segundos nas ordens e os rapazes brancos estavam por cima". Para alcançar esta inversão, será necessário "usar todos os meios necessários, inclusive o uso da força e do poder das armas, para derrubar o colonizador". E enquanto ele "declara guerra" em nome da comunidade (que, naturalmente, não o apóia de nenhum modo) e se recusa a "partilhar o poder com os brancos", e exige que "o povo branco deste país... esteja pronto a aceitar a liderança negra", ao mesmo tempo ele clama "a todos os cristãos e judeus que pratiquem a paciência, a tolerância, a compreensão e a não-violência" durante o tempo que possa levar ainda para tomar o poder — "se vai acontecer daqui a mil anos não faz diferença".

X — P. 126, NOTA 40

Jürgens Habermas, um dos mais atentos e inteligentes cientistas sociais da Alemanha, é um bom exemplo das dificuldades que os marxistas ou ex-marxistas têm para se desfazerem de qualquer pedaço do trabalho do mestre. No seu recente *Tecnik und Wissenschaft als 'Ideologie'* (Frankfurt, 1968), ele menciona diversas vezes que certas "categorias-chave da teoria de Marx, ou seja, luta de classes e ideologia, não podem mais ser aplicadas sem dificuldades (*umstandslos*)". Uma comparação com o ensaio de Andrei D. Sakharov citado acima mostra como é mais fácil para os que consideram o "capitalismo" do ponto de vista das desastrosas experiências do Leste desfazerem-se de teorias e *slogans* desgastados.

XI — P. 140, nota 62

As sanções da lei, que, contudo, não são sua essência, são dirigidas contra cidadãos que — sem sonegar seu apoio — querem fazer um privilégio para eles próprios; o ladrão espera que o governo proteja sua propriedade recentemente obtida. Notou-se que nos primeiros sistemas legais não havia sanção de espécie alguma. (Ver Jouvenel, *op. cit.*, p. 276). A punição do transgressor era o banimento ou a proscrição; violando a lei o criminoso se colocava fora da comunidade constituída por ela.

Passerin d'Entrèves (*op. cit.*, p. 128 e ss.) levando em conta "a complexidade da lei, mesmo a lei do Estado", assinalou que "realmente há leis que são mais 'diretivas' que 'imperativas', que são mais 'aceitas' que 'impostas', e cujas 'sanções' não consistem necessariamente no possível uso de força por parte de um 'soberano'". Ele comparou tais leis "às regras de um jogo, ou às do meu clube, ou às da Igreja". Eu me submeto "porque para mim, ao contrário de outros colegas cidadãos, estas regras são regras 'válidas' ".

Acho que a comparação de Passerin d'Entrèves da lei com "regras válidas do jogo" pode ser levada mais longe. Pois a questão com estas regras não é que eu me submeto a elas voluntariamente ou reconheça teoricamente sua validade, mas que na prática eu não posso entrar no jogo se não me submeter; meu motivo para aceitá-las é meu desejo de jogar, e uma vez que os homens só podem existir no plural, meu desejo de jogar é idêntico ao meu desejo de viver. Todo homem nasce numa comunidade com leis pré-existentes às quais ele "obedece" em primeiro lugar porque não há outro meio de ele entrar no grande jogo do mundo. Posso querer mudar as regras do jogo, como fazem os revolucionários, ou abrir uma exceção para mim, como fazem os criminosos; mas negá-las em princípio não significa simples "desobediência", mas a recusa a entrar para a comunidade humana. O popular dilema — ou a lei é absolutamente válida e deste modo precisa de um legislador divino, imortal, para ser legítima, ou a lei é simplesmente uma ordem sem nada por trás dela além do monopólio da violência do estado — é uma ilusão. Todas as leis são mais "diretivas" que "imperativas". Elas dirigem o relacionamento humano assim como as regras dirigem o jogo. E a garantia fundamental de sua validade está contida na velha máxima romana *Pacta sunt servanda*.

XII — P. 149, NOTA 72

Há alguma controvérsia sobre o propósito da visita de De Gaulle. A evidência dos próprios eventos parece sugerir que o preço que ele teve que pagar pelo apoio do exército foi a reabilitação pública de seus inimigos — anistia para o general Salan, a volta de Bidault, a volta também do Coronel Lacheroy, conhecido por "torturador da Argélia". Não se sabe muito sobre as negociações. É tentador pensar que a recente reabilitação de Pétain, novamente glorificado como o "vencedor de Verdum", e, principalmente, a incrível e claramente mentirosa declaração de De Gaulle logo após seu regresso, culpando o partido comunista pelo que os franceses chamam agora de *les événements*, fossem parte da barganha. Deus sabe que a única repreensão que o governo poderia fazer ao partido comunista e aos sindicatos operários é que lhes faltara poder para impedir *les événements*.

XIII — P. 153, NOTA 75

Seria interessante saber se a taxa alarmante de crimes não resolvidos se deve, e em que medida, não somente ao bem conhecido aumento espetacular de atos criminosos, mas também a um definido crescimento da brutalidade policial. O recentemente publicado *Uniform Crime Report for the United States*, de J. Edgar Hoover (*Federal Bureau of Investigations*, do Departamento de Justiça dos Estados Unidos, 1967), não dá indicação de quantos crimes são realmente solucionados — diferenciados dos "esclarecidos com detenção" — mas menciona no sumário que as soluções policiais de crimes sérios declinou em 1967 em 8%. Somente 21,7 (ou 21,9%) de todos os crimes são "esclarecidos com detenção", e destes apenas 75% poderiam ser levados às cortes, onde somente cerca de 60% dos indiciados seriam considerados culpados! Deste modo, a vantagem a favor do criminoso é tão grande que o constante aumento de atos criminosos parece natural. Quaisquer que sejam as causas do declínio espetacular da eficiência policial é evidente o declínio do poder da polícia; e com ele cresce a probabilidade da brutalidade. Estudantes e outros manifestantes são como patas chocando para os policiais que estão acostumados a quase nunca agarrar um criminoso.

É difícil uma comparação desta situação com a de outros países por causa dos diferentes métodos estatísticos empregados. No entanto parece que, embora o aumento de crimes não solucionados aparentemente seja um problema geral, não atinge em nenhum outro lugar proporções tão alarmantes como nos Estados Unidos. Em Paris, por exemplo, a taxa de crimes solucionados declinou de 62% em 1967 para 56% em 1968; na Alemanha de 73,4% em 1954 para 52,2% em 1967; e na Suécia 41% dos crimes foram solucionados em 1967. (Ver "Deutsche Polizei", in *Der Spiegel* de 7 de abril de 1967.)

XIV — P. 154, NOTA 76

Solzhenitsyn mostra em minúcia concreta como as tentativas de desenvolvimento econômico racional foram destruídas pelos métodos de Stálin, e espera-se que este livro desfaça de vez o mito de que o terror e as monstruosas perdas de vidas humanas sejam o preço que tem que ser pago para a rápida industrialização do país. Progresso rápido foi feito após a morte de Stálin, e o que espanta na Rússia de hoje é que o país ainda está atrasado em relação não somente ao Oeste, mas também em relação a muitos dos países satélites. Parece que não há muita ilusão na Rússia quanto a isto, se é que havia antes. A geração anterior, especialmente os veteranos da Segunda Guerra Mundial, sabem muito bem que só um milagre salvou a Rússia da derrota em 1941, e que este milagre foi o fato brutal de ter o inimigo se mostrado ainda pior que o governo nativo. O que virou então a balança foi que o terror policial amainou sob a pressão da emergência nacional; o povo, abandonado a si mesmo, pode novamente se juntar e gerar o poderio suficiente para derrotar o invasor estrangeiro. Quando as pessoas regressavam dos campos de prisioneiros de guerra ou dos postos de ocupação eram prontamente mandadas por muitos anos para campos de trabalho e concentração para afastá-las dos hábitos da liberdade. É exatamente esta geração, que experimentou a liberdade durante a guerra e o terror depois dela, que está desafiando a tirania do regime atual.

XV — P. 163, NOTA 86

Ninguém em seu juízo perfeito pode acreditar — como certos grupos de estudantes alemães recentemente teorizaram — que somente quando o governo for forçado a "praticar violência abertamente" poderão os rebeldes "lutar contra esta merda de sociedade (*Scheissgesellschaft*) com meios adequados e destruí-la". (Citado no *Der Spiegel* de 10 de fevereiro de 1969, p. 30). Esta nova versão, vulgarizada lingüisticamente (embora não intelectualmente), do velho disparate comunista da década de trinta, pelo qual a vitória do fascismo era ótima para os que eram contra ele, é ou puro fingimento, a variante "revolucionária" da hipocrisia, ou atesta a imbecilidade política de "crédulos". Exceto que há quarenta anos era a deliberada política pró-Hitler de Stálin e não apenas teorização estúpida que estava por trás disto.

Certamente não há razão para grande espanto pelo fato de os estudantes alemães serem mais dados à teorização e menos dotados para a ação e o julgamento políticos do que colegas seus em outros países politicamente mais afortunados; nem de "o isolamento de mentes inteligentes e vitais... na Alemanha" ser mais pronunciado, a polarização mais desesperada que em outros lugares e o impacto deles sobre o clima político de seu próprio país, exceto para os fenômenos da represália, quase nulo. Eu também concordaria com Spender (ver "The Berlin Youth Model", *op. cit.*) sobre o papel desempenhado nesta situação pelo passado ainda recente, de tal forma que os estudantes "estão ressentidos, não apenas em razão da sua violência, mas porque eles são lembranças... eles também têm aspecto de fantasmas surgidos de tumbas precipitadamente cobertas." E no entanto, quando tudo foi dito e convenientemente levado em consideração, permanece o fato estranho e inquietante de que nenhum dos grupos da nova esquerda na Alemanha, cuja vociferante oposição a políticas nacionalistas ou imperialistas de outros países é notoriamente extremada, interessou-se seriamente pelo reconhecimento da linha Oder-Neisse, que, no fim das contas, é o ponto crucial da política externa da Alemanha e a pedra de toque do nacionalismo alemão desde a derrota do regime de Hitler.

XVI — P. 170, NOTA 99

Daniel Bell está cautelosamente esperançoso porque sabe que o trabalho científico e técnico depende de "conhecimento teórico (que) é buscado, testado e codificado de um modo desinteressado" (*op. cit.*) Talvez este otimismo possa ser justificado enquanto os cientistas e tecnólogos estiverem desinteressados do poder e somente interessados no prestígio social, isto é, enquanto nem dominarem nem governarem. O pessimismo de Noam Chomsky, "nem história nem psicologia nem sociologia nos dão razão particular para aguardarmos com esperança o domínio dos novos mandarins", talvez seja excessivo; não há até agora precedentes históricos, e os cientistas e intelectuais que com tão deplorável regularidade se encontram dispostos a servir qualquer governo que por ventura esteja no poder, não tem sido "meritocratas", mas antes arrivistas. Mas Chomsky tem inteira razão em levantar a questão: "De um modo bem geral, que motivos há para supor que os que reivindicam o poder baseados no conhecimento e na técnica sejam mais benignos no exercício do poder do que os que o reivindicam baseados na ascendência rica ou aristocrática? (*Op. cit.* p. 27). E há muitas razões para levantar a questão complementar: Que motivos há para supor que o ressentimento contra uma meritocracia, cujo domínio é baseado exclusivamente em dotes "naturais", isto é, no poder do cérebro, não seja mais perigoso, mais violento que o ressentimento de grupos oprimidos do passado que pelo menos tinham a consolação de que sua situação não era causada por "culpa" deles próprios? Não é plausível supor que tal ressentimento abrigará todas as características assassinas de um antagonismo racial, e não de simples conflitos de classes, visto que ele também dirá respeito a dados naturais que não podem ser alterados, ou seja, uma situação da qual uma pessoa só poderia se libertar pelo extermínio dos que por ventura tivessem um QI maior? E uma vez que em tal suposição o poder numérico dos prejudicados seria esmagador e a mobilidade social quase nula, não é provável que o perigo de demagogos, de líderes populares, seria tão grande que a meritocracia seria empurrada para tiranias e despotismo?

XVII, P. 174, NOTA 106

Stewart Alsop, no perspicaz artigo "The Wallace Man", no *Newsweek* de 21 de outubro de 1968, observa: "Pode ser mesquinho da parte dos partidários de Wallace não quererem mandar seus filhos para más escolas em nome da integração, mas não é nenhum modo inatural. E também não é inatural preocuparem-se com o 'aborrecimento' de suas esposas ou com a perda da hipoteca de suas casas, que é tudo que eles têm!" Ele também cita a eficaz declaração demagógica de George Wallace: "Há 535 membros do Congresso e muitos destes liberais também têm filhos. Vocês sabem quantos deles mandam suas crianças para as escolas públicas de Washington? Seis".

Outro exemplo capital de política de integração mal planejada foi publicado recentemente por Neil Maxwell no *The Wall Street Journal* (8 de agosto de 1968). O governo federal promove a integração escolar no sul cortando os fundos federais nos casos de flagrante violação. Num destes exemplos, $200.000 de ajuda anual foram sonegados. "Do total, $175.000 foram direto para escolas negras... Os brancos prontamente elevaram as taxas para repor os $25.000." Resumindo, o que deveria ajudar o aprendizado dos negros tem realmente um "impacto esmagador" no seu sistema escolar existente e nenhum impacto nas escolas brancas.

XVIII — P. 178, NOTA 110

No obscuro clima de conversas e algaravias ideológicas do debate estudantil no Ocidente, estas questões raramente têm chance de serem esclarecidas; na verdade, "tal comunidade, verbalmente tão radical, sempre procurou e achou uma fuga", nas palavras de Günter Grass. É também verdade que isto é especialmente notório e irritante nos estudantes alemães e outros membros da nova esquerda. "Eles não sabem nada, mas sabem de tudo", como resumiu um jovem historiador em Praga, segundo Grass. Hans Magnus Enzensberger dá voz à atitude geral dos alemães; os tchecos sofrem de um "horizonte extremamente limitado. A substância política deles é pobre". (Ver Günter Grass, *op. cit.* p. 138-142). Em contraste com esta mistura de estupidez e impertinência, a atmosfera entre os rebeldes do Leste é animadora, embora seja assustador pensar no preço exorbitante que custou. Jan Kavan, um líder estudantil tcheco, escreve: "Meus amigos da Europa Ocidental sempre me dizem que estamos lutando simplesmente por liberdades democrático-burguesas. Mas de certo modo eu não consigo diferenciar entre liberdades capitalistas e liberdades socialistas. O que eu reconheço são liberdades humanas básicas". (*Ramparts* setembro de 1968.) É fácil supor que ele teria a mesma dificuldade com a distinção entre "violência progressista e repressiva". No entanto, seria errôneo concluir, como se faz freqüentemente, que os povos dos países ocidentais não têm queixas legítimas justamente na questão da liberdade. Certamente é natural "que a atitude dos tchecos, para os estudantes ocidentais, seja largamente colorida pela inveja" (citado de uma nota de um estudante por Spender, *op. cit.* p. 72), mas também é verdade que eles carecem de certas experiências menos brutais, mas ainda assim bastante decisivas, em frustração política.

REFLEXÕES SOBRE POLÍTICA
E REVOLUÇÃO
Um Comentário

Este ensaio é baseado numa entrevista do escritor alemão Adelbert Reif com a Srta. Arendt, realizado no verão de 1970. Foi traduzida para o inglês por Denver Lindley.

PERGUNTA: No seu estudo *Da Violência* você levanta, em vários pontos, a questão do movimento estudantil revolucionário nos países ocidentais. No fim, contudo, uma coisa não fica clara: Você considera o movimento de protesto estudantil em geral um processo historicamente positivo?

ARENDT: Não sei o que você quer dizer com "positivo". Presumo que queira saber se sou a favor ou contra. Bem, eu acolho alguns dos objetivos do movimento, especialmente nos Estados Unidos, onde estou melhor informada sobre eles do que em qualquer outra parte; em relação a outros tomo uma atitude neutra, e alguns eu considero perigosos despropósitos — como, por exemplo, politizar e "refuncionalizar" (aquilo que os alemães chamam de *unfunktionierem*) as universidades, ou seja, perverter sua função e outras coisas assim. Mas não o direito de participação. Dentro de certos limites aprovo inteiramente isto. Mas não quero entrar nesta questão no momento.

Menosprezando todas as diferenças nacionais, que naturalmente são muito grandes, e levando em conta somente que se trata de um movimento global — algo que nunca aconteceu nesta forma antes — e considerando (a menos de objetivos, opiniões e doutrinas) o que realmente diferencia esta geração em todos os países das gerações anteriores, então a primeira coisa que me surpreende é sua determinação para agir, sua alegria em agir, e certeza de poder mudar as coisas pelos seus próprios esforços. Isto, naturalmente, é expresso de forma diferente em cada país, conforme suas situações políticas e tradições históricas, o que em outras palavras significa conforme seus diferentes talentos políticos. Mas gostaria de falar sobre isto mais tarde.

Vamos nos deter brevemente nos primórdios deste movimento. Surgiu nos Estados Unidos meio inesperadamente, na década de 50; na época da chamada "geração silenciosa" uma geração apática e inconcludente. A causa imediata foi o movimento pelos direitos civis no Sul, e os primeiros a se unirem a eles foram estudantes de Harvard, que depois atraíram estudantes de outras famosas universidades da costa leste. Eles foram para o Sul brilhantemente organizados, e tiveram um extraordinário sucesso por um certo tempo, isto é, enquanto era simplesmente uma questão de mudar o clima de opinião — o que claramente conseguiram em pouco tempo — e abolir certas leis e disposições dos estados sulistas; em suma, enquanto era uma questão exclusivamente de leis e política. Então eles se chocaram com as imensas carências sociais dos guetos das cidades do Norte — e lá tiveram seu desastre, não conseguiram realizar coisa alguma.

Só mais tarde, depois de terem realizado tudo que poderiam realizar através da ação puramente política, começou o trato com as universidades. Principiou em Berkeley com o movimento pela Liberdade de Expressão e prosseguiu com o movimento Antibélico; e outra vez os resultados foram bastante extraordinários. Desses primórdios, e principalmente desses sucessos, brota tudo o que desde então se espalhou pelo mundo.

Nos Estados Unidos, esta nova certeza de que se pode mudar as coisas de que não se gosta é notável especialmente nas pequenas questões. Um exemplo típico foi um confronto comparativamente inofensivo há alguns anos atrás. Quando os estudantes souberam que os serventes de sua universidade não estavam recebendo salários conforme o padrão, fizeram greve e com sucesso. Basicamente tratava-se de um ato de solidariedade para com "sua" universidade contra a política da administração. Ainda outro exemplo — em 1970 estudantes universitários solicitaram tempo livre para poderem tomar parte na campanha eleitoral, e lhes foi concedido por algumas das maiores universidades. Era uma atividade política *alheia à universidade* possibilitada pelo reconhecimento desta de que os estudantes também são cidadãos. Considero ambos os exemplos claramente positivos. Há, contudo, outras coisas que considero muito menos positivas, mas chegaremos a elas mais tarde.

A questão básica é: O que realmente se passou? Do modo como vejo a coisa, pela primeira vez num longo tempo surgiu um movimento político espontâneo fazendo não apenas propaganda, mas agindo, *e ainda mais, agindo quase que exclusivamente por motivos morais*. Junto com este fator moral, bem raro nesta coisa comumente considerada um mero jogo de poder e interesses, entrou uma outra experiência, nova para o nosso tempo, no jogo da política: demonstrou que agir é divertido. Esta geração descobriu o que o século dezoito chamou de "felicidade pública", que significa que quando o homem toma parte na vida pública abre para si uma dimensão de experiência humana que de outra forma lhe ficaria fechada e que de uma certa maneira constitui parte da "felicidade" completa.

Em todos estes assuntos eu consideraria o movimento estudantil como muito positivo. Seu desenvolvimento posterior é uma outra questão. Por quanto tempo os fatores ditos "positivos" permanecerão bons, se já não estão em processo de dissolução, engolidos pelo fanatismo, pelas ideologias, por uma destrutibilidade que muitas vezes beira o crime, ou pelo tédio, ninguém sabe. As coisas boas na história são quase sempre de curta duração, mas mais tarde têm uma influência decisiva no que acontece por longos períodos de tempo. Considere como foi curto o verdadeiro período clássico na Grécia e como ainda nos nutrimos dele hoje em dia.

PERG.: Ernst Bloch sugeriu recentemente numa conferência que o movimento de protesto estudantil não está limitado aos seus objetivos conhecidos, mas abrange princípios derivados da velha lei natural: "Homens que não se submetem, que não estimulam os caprichos dos seus senhores". Bloch diz que os estudantes se conscientizaram "deste outro elemento subversivo da revolução", que deve ser diferenciado do protesto comum contra uma má situação financeira, e assim agindo fizeram uma importante contribuição "à história das revoluções e muito provavelmente para a estrutura das revoluções vindouras". Qual é sua opinião?

ARENDT: O que Ernst Bloch chama de "lei natural" é aquilo a que eu me referia quando falei da notável coloração moral do movimento. No entanto eu acrescentaria — e neste ponto eu não concordo com Bloch — que alguma coisa parecida acontece com todos os revolucionários. Se você se atém à história das revoluções, verá que nunca foram os próprios oprimidos e degradados que mostraram o caminho, mas aqueles que não eram degradados e oprimidos e não podiam suportar que outros o fossem. Simplesmente eles estavam envergonhados de admitir seus motivos morais — e esta vergonha é bem antiga. Não quero entrar na história dela agora, apesar de ter aspectos muito interessantes. Mas o fator moral sempre esteve presente, embora se manifeste mais claramente hoje porque as pessoas já não têm vergonha de admiti-lo.

Quanto à questão de "não se submeter", naturalmente ela desempenha um papel importante em países como o Japão e Alemanha, nos quais a subserviência cresceu a formidáveis proporções, enquanto que nos Estados Unidos, onde não posso me lembrar de um único estudante que jamais tenha se submetido, ela é praticamente sem sentido. Já mencionei que este movimento internacional naturalmente adquire diferentes colorações nacionais e que estas colorações, justamente por serem "corantes" são algumas vezes espantosas; é muito fácil confundir, principalmente para quem está de fora, o que é mais notável com o que é mais importante.

Sobre a questão da "revolução vindoura", na qual Ernst Bloch acredita e que eu não sei se realmente virá, nem que estrutura terá caso venha, eu gostaria de dizer o seguinte: Há, é verdade, uma vasta série de fenômenos dos quais se pode imediatamente dizer que pertencem, à luz de nossa experiência, (que não é tão velha assim, pois data somente das revoluções francesa e americana; antes desta houve rebeliões e *coupe d'état*, mas não revoluções) aos pré-requisitos da revolução — tais como a ameaça de colapso do maquinário do governo, seu solapamento, a perda da confiança no governo por parte da população, a falência dos serviços públicos, e inúmeros outros.

A perda do poder e da autoridade em todas as grandes potências é claramente visível, mesmo estando acompanhada por um imenso acúmulo de meios de violência nas mãos do governo; mas o aumento de armamentos não pode compensar a perda de poder. No entanto esta situação não precisa levar necessariamente à revolução. De um lado, pode terminar em contra-revolução e com o estabelecimento de ditaduras, e de outro, pode terminar em total anticlímax: não precisa levar necessariamente a nada. Ninguém hoje em dia sabe coisa alguma sobre uma revolução vindoura: "o princípio da esperança" (Ernst Bloch) certamente não dá nenhuma espécie de garantia.

No momento está faltando um pré-requisito para a revolução vindoura: um grupo de verdadeiros revolucionários. Os estudantes da esquerda não são justamente aquilo que eles mais queriam ser: revolucionários. Tampouco estão organizados como tal: eles não têm nem uma vaga idéia do que seja o poder, e se o poder estivesse caído na rua e eles soubessem que ele estava lá, seriam certamente os últimos a se abaixarem para pegá-lo. E é precisamente isto o que fazem os revolucionários. Revolucionários não fazem revoluções! Revolucionários são aqueles que sabem quando o poder está caído nas ruas e quando podem pegá-lo. O levante armado por si ainda não levou a nenhuma revolução.

No entanto o que pode ajudar a abrir caminho para a revolução, no sentido de preparar os revolucionários, é uma análise real da situação existente como se costumava fazer tempos atrás. Naturalmente, mesmo nestas épocas, as análises eram na maioria inadequadas, mas permanece o fato de que elas eram feitas. A este respeito, eu não vejo absolutamente ninguém próximo ou longe, em posição de fazê-las. A esterilidade teórica e a negligência analítica deste movimento são tão deprimentes e assustadoras quanto é bem vinda sua alegria pela ação. Na Alemanha também o movimento é impotente em questões práticas; pode ocasionar algum tumulto, mas a menos de gritar *slogans* não pode organizar nada. Nos Estados Unidos, onde em algumas ocasiões conseguiu reunir centenas de milhares de manifestantes em Washington, o movimento é, a este respeito, na capacidade de agir, mais impressionante! Mas a esterilidade mental é a mesma nos dois países — só que, na Alemanha, onde as pessoas gostam tanto de conversas vagas, teóricas, eles ficam perdendo tempo com conceitos e categorias obsoletas quase todas provindas do século dezenove, ou, conforme o caso, tentam impingi-las a outros.

Nada disto tem qualquer relação com as condições de hoje. E nada disto tem qualquer coisa a ver com reflexão.

As coisas são diferentes, certamente, na América do Sul e na Europa Oriental, principalmente porque houve muito mais experiência prática concreta lá. Mas examinar isto em detalhe nos levaria muito longe. Gostaria de falar sobre um outro ponto que me ocorreu em relação a Ernst Bloch e o "princípio da esperança". O mais suspeito sobre este movimento na Europa Ocidental e nos Estados Unidos é um curioso desespero nele envolvido, como se seus participantes já soubessem que seriam esmagados. E como se dissessem para si mesmos: Pelo menos queremos ter provocado nossa derrota; não queremos, além de tudo o mais, ser tão inocentes quanto cordeiros. Há um elemento de louca radicalização nestas crianças atiradoras de bombas. Li que os estudantes franceses em Nanterre, nestes últimos distúrbios — não os de 1968, mas estes mais recentes — escreveram nas paredes: "Ne gâchez pas votre pourriture" ("não estrague sua podridão"). Certo, certo. A convicção de que tudo merece ser destruído, que todo mundo merece ir para o inferno — tal espécie de desespero pode ser encontrada em toda parte, embora seja menos pronunciada nos Estados Unidos, onde o "princípio da esperança" ainda é desconhecido, talvez porque o povo ainda não precise dele tão desesperadamente.

PERG.: Você encara o movimento de protesto estudantil norte-americano como essencialmente frustrado?

ARENDT: De modo algum. Os triunfos que já conseguiu são enormes. Seu triunfo na questão dos negros é espetacular, e com relação à guerra talvez seja maior ainda. Foram os estudantes, basicamente, que conseguiram dividir o país e acabaram tendo uma maioria, ou pelo menos uma minoria fortíssima e altamente qualificada, contra a guerra. Poderia, no entanto, ter ruído rapidamente se realmente tivesse triunfado na destruição das universidades — algo que considero possível. Nos Estados Unidos, este perigo talvez não seja tão grande como em alguns outros lugares, porque os estudantes norte-americanos ainda estão mais orientados para questões políticas do que para problemas internos das universidades, e o resultado é que uma parte da população se sente solidária com eles em assuntos essenciais. Mas também nos Estados Unidos é concebível que as universidades venham a ser destruídas, pois os distúrbios coincidem com uma crise das ciências, na crença na ciência e na crença no progresso, ou seja, com uma crise interna nas universidades não apenas política.

Se os estudantes triunfarem na destruição das universidades, terão então destruído sua própria base de operações — o que seria verdade em todos os países afetados, na América e na Europa. E não poderão encontrar outra base simplesmente por não poderem se reunir em nenhum outro lugar. Daí decorre que a destruição das universidades significaria o fim de todo o movimento.

Mas não seria o fim do sistema educacional nem da pesquisa. Ambos podem ser organizados de um modo bem diferente; são perfeitamente concebíveis outras formas e instituições para treinamento profissional e pesquisa. Mas não haverá então estudantes universitários. O que será de fato a liberdade dos estudantes? As universidades tornam possível para os jovens, durante alguns anos, *situarem-se fora de todos os grupos sociais e compromissos* para serem verdadeiramente livres. Se os estudantes destroem as universidades, não existirá mais nada parecido com isto; conseqüentemente tampouco haverá rebelião contra a sociedade. Em alguns países, em alguns momentos, eles estavam bem adiantados no ato de serrar o galho sobre o qual estavam sentados. Isto está relacionado com a radicalização violenta. Por este caminho o movimento de protesto estudantil poderia não somente fracassar em conseguir o que exige, mas ser também destruído.

PERG.: Isto também valeria para o movimento de protesto estudantil na Europa?

ARENDT: Sim, poderia ser aplicado à maior parte dos movimentos estudantis. Mas, repetindo, não tanto para os da América do Sul e da Europa Oriental, onde o movimento de protesto não se subordina diretamente às universidades, e onde uma grande parte da população está por trás dele.

PERG.: No seu estudo *Da Violência,* há esta frase: "O terceiro mundo não é uma realidade mas uma ideologia". Isto parece uma blasfêmia. Pois naturalmente o terceiro mundo é uma realidade; e mais, uma realidade formada primeiro pelas potências colonizadoras do ocidente e mais tarde com a cooperação dos Estados Unidos. De modo que não é nada surpreendente que esta realidade produzida pelo capitalismo resultasse, sob a influência da indignação geral e mundial de juventude, numa nova ideologia. Contudo, o mais significativo, parece-me, não é a ideologia da nova esquerda, mas tão somente a existência do terceiro mundo, a realidade do terceiro mundo, que tornou antes de tudo possível esta ideologia.

Você realmente pretende, com sua frase surpreendente, questionar a realidade do terceiro mundo como tal? Deve haver possivelmente um mal entendido nisto que você poderia esclarecer.

ARENDT: Não há mal entendido. Sou exatamente da opinião de que o terceiro mundo é exatamente o que eu disse, uma ideologia ou uma ilusão.

A África, Ásia, América do Sul — são realidades. Se você comparar estas regiões com a Europa e os Estados Unidos, poderá dizer mas somente desta perspectiva — que elas são subdesenvolvidas, afirmando com isso que este é o crucial denominador comum entre estes países. Contudo, você menosprezaria inúmeras coisas que eles *não* têm em comum, e o fato de que o que eles têm em comum é somente um contraste em relação a um outro mundo; o que quer dizer que a idéia de subdesenvolvimento como fator importante é um preconceito norte-americano-europeu. A coisa toda é uma simples questão de perspectiva; há um engano lógico aqui. Tente mencionar a um chinês um dia que ele pertence exatamente ao mesmo mundo que um selvagem Bantu africano e, creia-me, você terá a maior surpresa de sua vida. Os únicos que têm um interesse obviamente político em dizer que existe um terceiro mundo, são, é claro, os que estão nos níveis mais baixos — isto é, os negros da África. No caso deles é fácil compreender; no dos outros é pura conversa fiada.

A nova esquerda pegou o lema do terceiro mundo do arsenal da velha esquerda. Era entendido como a distinção feita pelos imperialistas entre países coloniais e potências colonizadoras. Para os imperialistas, o Egito era, naturalmente, como a Índia: ambos se enquadravam no título de "povos subjugados". O nivelamento imperialista de todas as diferenças é copiado pela nova esquerda, porém com rótulos trocados. É sempre a mesma velha história: deixar-se levar por qualquer lema; a incapacidade de perceber, ou então a má vontade de ver, os fenômenos como realmente são, sem aplicar categorias a eles, na crença de que possam ser dessa forma classificados. É exatamente isto que constitui o desamparo teórico.

O novo *slogan* — Povos de todas as colônias, ou de todas as antigas colônias, ou de todos os países subdesenvolvidos, uni-vos! — é mais louco ainda que o antigo de onde foi copiado: Trabalhadores de todo o mundo, uni-vos! — que no fim das contas tem sido inteiramente desacreditado. Não sou certamente da opinião de que se possa aprender muito da história — pois a história constantemente nos confronta com o novo — mas há algumas poucas coisas que seriam possíveis aprender. O que me enche de receio é que não vejo em parte alguma gente desta geração admitindo as realidades como tais e esforçando-se em refletir sobre elas.

181

PERG.: Historiadores e filósofos marxistas, e não apenas marxistas no sentido estrito da palavra, aceitam hoje o ponto de vista de que no atual estágio de desenvolvimento histórico da humanidade só há duas alternativas possíveis para o futuro: o capitalismo ou o socialismo. No seu ponto de vista existe outra alternativa?

ARENDT: Não vejo alternativas assim na história; nem sei o que está armazenado nela. Deixemos de lado estes grandes temas como "desenvolvimento histórico da humanidade" — muito provavelmente ela tomará rumos que não correspondem nem a um nem a outro, e esperemos que venha como uma surpresa para todos nós.

Mas vamos examinar suas alternativas historicamente por um momento: começou, afinal, com o capitalismo, um sistema econômico que ninguém tinha planejado e ninguém tinha previsto. Este sistema, como em geral se sabe, deveu seu começo a um monstruoso processo de expropriação como nunca tinha acontecido antes na história com esta forma — isto é, sem conquista militar. Expropriação, e acumulação inicial de capital — que foi a lei segundo a qual surgiu o capitalismo e segundo a qual ele avançou passo a passo. Não sei o que as pessoas entendem por socialismo. Mas se você observar o que realmente aconteceu na Rússia, então poderá ver que lá os processos de expropriação foram levados muito mais longe; e pode observar que algo muito parecido está ocorrendo nos modernos países capitalistas, onde é como se o antigo processo de expropriação estivesse mais uma vez à solta. Taxação excessiva, desvalorização *de facto* da moeda, inflação associada ao recesso econômico — o que são estas coisas senão formas suaves de expropriação?

Somente nos países ocidentais existem obstáculos políticos e legais que evitam constantemente que o processo de expropriação atinja o ponto em que a vida se tornaria completamente insuportável. Na Rússia não existe, é claro, socialismo, mas existe socialismo de estado, que é a mesma coisa que seria o capitalismo de estado — ou seja, expropriação total. A expropriação total ocorre quando todas as salvaguardas políticas e legais da propriedade privada desaparecem. Na Rússia, por exemplo, certos grupos desfrutam de um padrão de vida muito alto. O problema é que tudo que estas pessoas possam ter à sua disposição — carros, casas de campo, móveis caros, limusines com chofer etc. — não lhes pertencem; podem ser tomados pelo governo a qualquer hora. Ninguém lá é tão rico que não possa se transformar num mendigo da noite para o dia — sem o direito sequer de emprego — no caso de um conflito qualquer com os poderes dirigentes. (Uma olhadela na literatura soviética recente, onde as pessoas começaram a contar a verdade, testificará as conseqüências atrozes mais convincentemente que todas as teorias econômicas e políticas.)

Todas as nossas experiências — e não teorias e ideologias — nos contam que o processo de expropriação, que começou com a ascensão do capitalismo, não cessa com a expropriação dos meios de produção; só instituições legais e políticas independentes das forças econômicas e seu automatismo podem controlar e equilibrar as monstruosas potencialidades inerentes a este processo. Tais controles políticos parecem funcionar melhor nos chamados "estados beneficentes" quer chamem a si mesmas de "socialistas" ou de "capitalistas". O que protege a liberdade é a divisão entre poder econômico e poder governamental, ou, na linguagem de Marx, o fato de que o estado e sua constituição não são supra--estruturas.

O que nos protege nos chamados países "capitalistas" do Oeste não é o capitalismo, mas uma sistema legal que impede que se tornem realidade os devaneios dos donos dos altos negócios de violação da esfera privada de seus empregados. Mas este sonho sempre se torna realidade quando o próprio governo se torna o patrão. Não é segredo que o sistema de liberação para os empregados do governo norte-americano não respeita a vida privada; o recente apetite de certas agências do governo em instalar microfones ocultos em residências pode ser visto também como uma tentativa do governo de tratar todos os cidadãos como possíveis empregados do governo. E estes microfones não são formas de expropriação? A agência do governo se estabelece como uma espécie de co-proprietária das casas e apartamentos dos cidadãos. Na Rússia não são necessários estes engenhosos aparelhos nas paredes; lá, de qualquer forma, há um espião sentado em cada apartamento de cada cidadão.

Se eu fosse julgar tais transformações de um ponto de vista marxista, diria: Talvez a expropriação esteja, na verdade, na própria natureza da produção moderna, e o socialismo é, como pensava Marx, nada mais que o resultado inevitável da sociedade industrial iniciada pelo capitalismo. A pergunta é, então, o que podemos fazer para colocar e manter este processo sob controle de forma que ele não degenere, sob uma designação ou outra, nas monstruosidades em que caiu no Leste. Em alguns países ditos "comunistas" — Iugoslávia, por exemplo, mas mesmo na Alemanha Oriental — há tentativas de abandonar o controle estatal da economia e descentralizá-la, e concessões bastante substanciais estão sendo feitas para impedir as horríveis conseqüências do processo de expropriação, o qual, felizmente, também se mostrou muito insatisfatório para a produção uma vez atingido um certo grau de centralização e de escravização dos trabalhadores.

Fundamentalmente é uma questão de saber quanta propriedade e quantos direitos se pode permitir a uma pessoa possuir, mesmo nas mais desumanas condições de grande parte da economia de hoje. Mas não me venham dizer que existe algo parecido com: trabalhadores "donos de suas fábricas". A posse coletiva é, quando se reflete por um segundo, uma contradição em termos. Propriedade é o que me pertence; posse se refere ao que eu possuo, por definição. Os meios de produção de outra pessoa não me pertencem, é claro; podem talvez ser controlados por uma terceira autoridade, o que significa que não pertencem a ninguém. O pior dono possível seria o governo, a menos que seus poderes nesta esfera econômica sejam rigorosamente controlados e refreados por um judiciário verdadeiramente independente. Nosso problema hoje não é como expropriar os expropriadores, mas antes, como arrumar as coisas de modo que as massas, despojadas pela sociedade industrial nos sistemas capitalista e socialista, possam recuperar a propriedade. Por esta única razão a alternativa entre capitalismo e socialismo é falsa — não apenas porque nenhum deles existe em qualquer parte no seu estado puro, mas porque o que temos são gêmeos, cada um usando um chapéu diferente.

O mesmo estado de coisas pode ser olhado de uma perspectiva diferente — a dos próprios oprimidos — o que não melhora em nada o resultado. Neste caso deve-se dizer que o capitalismo destruiu o patrimônio, as corporações, as guildas e toda a estrutura da sociedade feudal. Aboliu todos os grupos coletivistas que eram uma proteção para o indivíduo e para sua propriedade e que lhe assegurava uma certa garantia, embora não assegurasse completa segurança. No lugar deles colocou as "classes"; essencialmente apenas duas: os exploradores e os explorados. Mas a classe dos trabalhadores, simplesmente porque era uma classe e uma coletividade, ainda proporcionava ao indivíduo uma certa proteção, e, mais tarde, quando aprendeu a se organizar, lutou e assegurou consideráveis direitos para si. A grande distinção hoje em dia não é entre países socialistas e capitalistas, mas entre países que respeitam estes direitos, como, por exemplo, de um lado a Suécia, de outro os Estados Unidos, e os que não os respeitam, como, por exemplo, a Espanha de Franco, de um lado, e a Rússia Soviética, de outro.

O que fez então o socialismo, ou o comunismo, tomado em sua forma pura? Destruiu esta classe também, suas instituições, sindicatos, partidos trabalhistas, e seus direitos — acordo salarial, greves, seguro de desemprego, segurança social. Em lugar disto, estes regimes ofereceram a ilusão de que as fábricas eram propriedades da classe dos trabalhadores, que como classe tinha sido a pouco abolida, e a mentira atroz de que não existia mais desemprego, uma mentira baseada em nada mais que a não existência bem real do seguro de desemprego. Essencialmente, o socialismo simplesmente continuou, e levou ao extremo, o que o capitalismo começara. Por que deveria ser o remédio?

PERG.: Os intelectuais marxistas sempre enfatizam que o socialismo, apesar da alienação, é sempre susceptível de regeneração pela sua própria força. Como exemplo ideal desta regeneração, há o modelo tchecoslovaco de socialismo democrático.

Em vista do crescimento da União Soviética em armas militares, e da hegemonia soviética em outras áreas, que chances você vê para o aparecimento de uma nova iniciativa para um socialismo democrático no

Leste, orientada pelo espírito dos modelos tcheco ou iugoslavo?

ARENDT: O que você disse na sua primeira frase realmente me chocou. Chamar o domínio de Stálin de "alienação" me parece um eufemismo para varrer para debaixo do tapete, não somente os fatos, mas também os crimes mais arrepiantes. Digo isto apenas para lhe chamar a atenção ao quanto este jargão já torceu os fatos: Chamar alguma coisa de "alienação" — não passa de um crime.

Agora no que diz respeito a sistemas econômicos e "modelos", algo surgirá a seu tempo de todas estas experiências aqui e ali, se as grandes potências deixarem em paz os pequenos países. O que será, não podemos dizer é claro, num campo tão depedendente da prática como a economia. No entanto, as experiências versarão, antes de tudo, sobre o problema da propriedade. Partindo das escassas informações à minha disposição, diria que isto já está acontecendo na Alemanha Oriental e na Iugoslávia com resultados interessantes.

Na Alemanha Oriental, uma espécie de sistema cooperativo, que não provém de modo algum do socialismo e que provou ter valor na Dinamarca e em Israel, foi construído no sistema econômico "socialista" — fazendo com isto que ele funcionasse. Na Iugoslávia temos o "sistema de autogerência" nas fábricas, uma nova versão dos antigos "conselhos dos trabalhadores", que incidentalmente também nunca foi parte da doutrina ortodoxa comunista ou socialista — a despeito do "todo poder aos *soviéticos*" de Lênin. (Os Conselhos, o único fruto genuíno das revoluções em si, e não dos partidos revolucionários e ideologias, foram impiedosamente destruídos exatamente pelo partido comunista e pelo próprio Lênin.)

Nenhuma dessas experiências redefine propriedade legítima de um modo satisfatório, mas podem ser passos nesta direção — as cooperativas da Alemanha Oriental, associando propriedade privada com a necessidade de propriedade comum nos meios de produção e distribuição; os conselhos de trabalhadores proporcionando segurança de trabalho em vez de segurança da propriedade privada. Nos dois exemplos os indivíduos trabalhadores já não são mais atomizados, mas pertencem a uma nova coletividade, a cooperativa ou o conselho de fábrica, como uma espécie de retribuição pela participação numa classe.

Você também pergunta sobre as experiências e reformas. Nada disto tem algo a ver com sistemas econômicos — exceto que o sistema econômico não devia ser usado para privar o povo destas liberdades. Isto é feito quando um dissidente ou um oponente se torna "inempregável" ou quando mercadorias de consumo são tão escassas e a vida tão desagradável que é fácil para o governo "comprar" camadas inteiras da população. O povo no Leste se preocupa com liberdade, direitos civis e garantias legais. Pois estas são as condições para ser livre para falar, escrever e imprimir o que se quiser. A União Soviética marchou sobre a Tchecoslováquia, não por causa do novo "modelo econômico", mas por causa das reformas *políticas* ligadas a ele. Ela não marchou sobre a Alemanha Oriental, embora lá e também em outros países satélites o povo hoje viva melhor que na União Soviética e talvez venha cedo a viver tão bem e eventualmente até melhor que o povo da Alemanha Ocidental. A diferença então será "somente" que num país as pessoas podem dizer e fazer, dentro do limite, o que quiserem, e no outro não podem. Acredite-me, *isto* faz uma diferença enorme para qualquer um.

A União Soviética tem interesse em golpear em cheio onde quer que estas experiências econômicas estejam associadas numa luta por liberdade. Sem dúvida era o caso da Tchecoslováquia. Mas não é o caso da Alemanha Oriental; desta forma a República Democrática da Alemanha é deixada em paz. No governo de Ulbricht, a República Democrática da Alemanha se tornava mais tirânica ideologicamente quanto mais concessões econômicas fazia.

A União Soviética também precisa golpear em cheio sempre que teme que um dos países satélites está escapando do Pacto de Varsóvia. Se este medo, certamente presente, era justificado no caso da Tchecoslováquia eu não sei, mas acho possível. Por outro lado, não creio que a União Soviética intervenha militarmente na Iugoslávia. Encontraria lá uma oposição militar bastante considerável, e ela não pode hoje em dia se permitir tais confrontos. Ser uma grande potência não significa estar firmemente sentado na sela.

187

PERG.: Você vê no socialismo, como a concepção dominante atualmente do futuro da sociedade humana, alguma chance de realização?

ARENDT: Isto trás de volta, naturalmente, a questão do que é realmente o socialismo. Até mesmo Marx mal sabia o que descrever concretamente como tal.

PERG.: Permita-me interromper. O que está subentendido é socialismo, orientado pelo espírito do modelo tcheco ou iugoslavo, como eu disse antes.

ARENDT: Você se refere então ao que hoje em dia se chama de "humanismo socialista". Este novo slogan não significa nada mais que uma tentativa de desfazer a desumanidade trazida pelo socialismo sem reintroduzir um sistema "capitalista", embora a clara tendência da Iugoslávia para uma economia *open market* possa ser assim interpretada, e certamente será, não somente pela União Soviética, mas também por todos os verdadeiramente crédulos.

De um modo geral eu diria que há uma chance para todos os pequenos países que queiram fazer uma experiência, quer se chamem socialistas ou não, mas sou muito cética em relação às grandes potências. Estas sociedades de massa já não podem mais nem ser controladas, quanto mais governadas. Os modelos tcheco e iugoslavo, tomando-os como exemplo, naturalmente têm uma chance. Eu incluiria também, talvez, a Rumânia, a Hungria, onde a revolução não terminou de nenhum modo catastroficamente, como poderia ter terminado com Stálin — simplesmente com a deportação de 50% da população. Em todos estes países, algo está em marcha, e será muito difícil inverter o seu afã de reforma. suas tentativas de fugir das piores conseqüências da ditadura e resolver seus problemas econômicos sensível e independentemente.

Há um outro fator que deveríamos considerar. A União Soviética e seus estados satélites (em vários graus), não são estados-nações, mas são compostos de nacionalidades. Em cada um deles, a ditadura está mais ou menos nas mãos da nacionalidade predominante e a oposição que a ameaça está sempre em risco de virar um movimento de libertação nacional. Isto é especialmente verdade na União Soviética, onde os ditadores russos sempre vivem com medo do colapso do império russo — e não da troca de governo simplesmente. Esta inquietação não tem nada a ver com socialismo; é, e sempre foi, uma questão de pura política de poder. Não acho que a União Soviética teria procedido como procedeu na Tchecoslováquia se não estivesse preocupada com sua própria oposição interna, não somente a oposição dos intelectuais, mas também a oposição latente de suas próprias nacionalidades. Não se deve esquecer que durante a Primavera de Praga o governo fez concessões consideráveis aos eslovacos, que só recentemente, certamente sob influência russa, foram canceladas. Qualquer tentativa de descentralização é temida por Moscou. Um modelo novo significa para os russos não somente um tratamento mais humano das questões econômicas ou intelectuais, mas também a ameaça de decomposição do império russo.

PERG.: Eu acho que o medo dos líderes soviéticos, especialmente da oposição dos intelectuais, tem um papel especial. Afinal, é uma oposição que hoje se faz sentir num campo mais amplo. Há até mesmo um movimento pelos direitos civis por parte de jovens intelectuais que operam com todos os meios disponíveis legais e, desnecessário dizer, ilegais — tais como jornais *underground etc.*

ARENDT: Sim, estou ciente disso. E os líderes da União Soviética estão naturalmente muito temerosos com isto. Temem que o sucesso deste movimento, estendendo-se ao povo, não aos intelectuais, poderia significar que os ucranianos quereriam mais uma vez ter um estado próprio, assim como os tártaros, que de qualquer modo foram tratados de um modo tão abominável, e assim por diante. Assim, os dirigentes da União Soviética estão com passadas mais trôpegas que os dirigentes dos países satélites. Mas veja que Tito na Iugoslávia também teme o problema das nacionalidades, mas não teme de modo algum o "capitalismo".

PERG.: Como você encara o fato de que o movimento de reforma no Leste — não estou pensando somente no citadíssimo modelo tcheco, mas em várias publicações de intelectuais soviéticos defendendo a democratização da União Soviética, e protestos semelhantes — nunca propõe qualquer forma de capitalismo, ainda que modificado, como alternativa para o sistema que estão criticando.

ARENDT: Bem, eu poderia dizer que estas pessoas são obviamente da mesma opinião que eu de que assim como o socialismo não é o remédio para o capitalismo, o capitalismo não pode ser o remédio ou a alternativa para o socialismo. Mas não vou repisar isto. A contenda nunca é simplesmente sobre um sistema econômico. O sistema econômico é envolvido somente na medida em que a ditadura impede a economia de se desenvolver tão produtivamente quanto se desenvolveria sem coação ditatorial. Quanto ao resto, refere-se à questão política: refere-se a que tipo de estado se deseja, que tipo de constituição, que tipo de legislação, que espécie de salvaguardas para a liberdade da palavra falada e escrita; ou seja, refere-se àquilo que nossas inocentes crianças do Oeste chamam de "liberdade burguesa".

Não existe tal coisa; liberdade é liberdade quer seja garantida pelas leis de um governo "burguês" ou por um estado "comunista". Do fato de que os governos comunistas não respeitam hoje os direitos civis e não asseguram liberdade de expressão e associação não decorre que tais direitos e liberdade sejam burgueses". A "liberdade burguesa" é freqüentemente, e muito erradamente, identificada com a liberdade de juntar mais dinheiro do que se precisa realmente. Esta é a única "liberdade" que o Leste, onde uma pessoa pode se tornar de fato extremamente rica, respeita também. O contraste entre rico e pobre — falando uma linguagem sensível desta vez e não jargão — em relação a rendimentos é maior no Leste que em quase todos os outros países, maior mesmo que nos Estados Unidos, menosprezando alguns milhares de multimilionários.

Mas também não é esta a questão. Eu repito: a questão é pura e simplesmente se eu posso falar e imprimir o que eu quiser, ou se não posso; se meus vizinhos me espionam ou não. Liberdade sempre implica em liberdade de divergir. Nenhum dirigente antes de Stálin ou Hitler contestou a liberdade para dizer sim —

Hitler excluindo os judeus e os ciganos do direito de consentimento e Stálin sendo o único ditador que cortou as cabeças de seus mais entusiásticos partidários, talvez porque tenha calculado que quem diz sim também pode dizer não. Nenhum tirano antes deles foi tão longe — o que não justifica nenhum deles.

Nenhum destes sistemas, nem mesmo o da União Soviética, é, no entanto, verdadeiramente totalitário — embora deva admitir que não estou em posição de julgar a China. Presentemente só as pessoas que divergem e estão na oposição são excluídas, mas isto não significa de modo algum que haja qualquer liberdade lá. E é exatamente em liberdade política e em direitos básicos garantidos que as forças da oposição estão interessadas — e com toda razão.

PERG.: Como você se coloca em relação à afirmação de Thomas Mann "Antibolchevismo é a tolice básica de nosso tempo"?

ARENDT: Há tantos absurdos em nosso tempo que é difícil designar o primeiro lugar. Mas falando sério, o antibolchevismo como teoria, como um "ismo", é uma invenção de ex-comunistas. Por estes não me refiro a quaisquer antigos bolchevistas ou comunistas, mas aos que *"acreditavam"* e que um dia foram pessoalmente desiludidos pelo Sr. Stálin; ou seja, pessoas que não eram realmente revolucionárias ou engajadas politicamente mas que, como eles próprias diziam, tinham perdido um deus e então foram em busca de um novo deus e também do oposto, um novo diabo. Eles simplesmente inverteram o modelo.

Mas dizer que a mentalidade dessas pessoas mudou, que ao invés de buscar crenças elas viram realidades, levaram-nas em consideração e tentaram mudar as coisas, é errôneo. Quer os antibolchevistas declarem que o Leste é o demônio, quer os bolchevistas sustentem que a América é o demônio, no que diz respeito a seus hábitos mentais isto dá no mesmo. A mentalidade é ainda a mesma. Só enxerga o preto e o branco. Na realidade não existe tal coisa. Se não se conhece todo o espectro das cores políticas da época, se não se pode distinguir entre as condições básicas dos diversos países, os vários estágios de desenvolvimento, tradições, espécies e graus de produção, tecnologia, mentalidade, e assim por diante, então simplesmente não se sabe como manobrar e tomar posição neste campo. Só fazendo o mundo em pedaços se pode ter no fim diante dos olhos uma coisa: preto puro.

PERG.: No fim de *Da Violência,* você escreve que sabemos "ou deveríamos saber que todo declínio de poder é um convite aberto à violência — mesmo porque os que detêm o poder e o sentem escapando das mãos... sempre acharam difícil resistir à tentação de substituí-lo pela violência". O que significa esta pesada sentença em relação à situação política atual nos Estados Unidos?

ARENDT: Já falei sobre a perda de poder da parte das grandes potências. Se considerarmos isto concretamente, o que significa? Em todas as repúblicas com governos representativos, o poder emana do povo. Isto significa que o povo dá poderes a certos indivíduos para representá-lo, para agir em seu nome. Quando falamos em perda de poder, significa que o povo retirou seu consentimento àquilo que seus representantes, os funcionários eleitos autorizados, fazem.

Os que receberam o poder naturalmente se sentem poderosos; mesmo quando o povo retira a base deste poder, o sentimento de poder continua. Esta é a situação nos Estados Unidos — e não somente aí, certamente. Este estado de coisas, incidentalmente, não tem nada a ver com o fato de estar o povo dividido; é antes explicável pela perda de confiança no chamado "sistema". Para sustentar o sistema, os que receberam poder começam a agir como déspotas e recorrem à força. Substituem o assentimento do povo por força, e aí chega o ponto crítico.

Como isto se coloca em relação aos Estados Unidos hoje? A questão pode ser ilustrada por diversos exemplos, mas gostaria de elucidá-la principalmente pela guerra do Vietnã, que não somente realmente divide o povo dos Estados Unidos, mas, ainda mais importante, causou uma perda de confiança e portanto uma perda de poder. Mais especificamente, produziu o "hiato de credibilidade", que significa que os que estão no poder não são mais acreditados — não importando se concordam com ele ou não. Sei que na Europa os políticos nunca foram acreditados, e que na verdade, o povo é de opinião de que os políticos podem e devem mentir como parte de seu ofício. Mas nos Estados Unidos não era assim.

Naturalmente, sempre existiram segredos de estado que precisam ser rigorosamente guardados nos terrenos específicos da política prática. Quase sempre a verdade não era divulgada; mas também não o eram as mentiras diretas. Agora, como você sabe, a Resolução do Golfo de Tonkin, que deu ao presidente carta branca numa guerra não declarada, foi imposta ao Congresso na base da apresentação provavelmente inexata das circunstâncias. Este caso custou a presidência a Johnson; e também a amargura da oposição no senado dificilmente pode ser explicada de outra forma. Desde aquela época, em círculos cada vez mais amplos, a guerra do Vietnã tem sido considerada ilegal — não somente peculiarmente desumana, não somente imoral, mas *ilegal*. Nos Estados Unidos isto tem um peso diferente que na Europa.

PERG.: E contudo entre os trabalhadores norte-americanos há uma forte agitação *pelo* engajamento dos Estados Unidos no Vietnã. Como isto pode ser explicado nesta conjuntura?

ARENDT: O primeiro ímpeto de oposição à guerra veio das universidades, especialmente do corpo discente estudantil, isto é, dos mesmos grupos que estavam engajados no movimento pelos direitos civis. Tal oposição era dirigida desde o começo contra o chamado "sistema", cujos maiores partidários hoje são irrefutavelmente encontrados entre os trabalhadores, isto é, nos grupos de rendimentos mais baixos. (Em Wall Street os chamados "capitalistas" fizeram manifestações contra o governo e os trabalhadores em construções a favor dele.) Nisto, a parte decisiva não era representada tanto pela questão da guerra, mas pelo problema de cor.

Verificou-se que nas partes leste e norte do país a integração dos negros nos grupos de rendimentos mais altos não encontra dificuldades mais sérias ou insuperáveis. Hoje em dia em toda parte é realmente um *fait accompli*. Residências com aluguéis relativamente altos podem ser integradas se o inquilino negro pertence ao mesmo nível superior que o branco ou o amarelo (especialmente chineses, que são em toda parte especialmente queridos como vizinhos). Uma vez que o número de homens de negócio negros bem sucedidos é muito pequeno, isto se aplica na verdade às profissões liberais e acadêmicas — médicos, advogados, professores, atores, escritores, e assim por diante.

A mesma integração nos níveis médio e baixo da classe média, e especialmente entre os trabalhadores que em relação ao rendimento pertencem ao nível superior da classe média baixa, leva à catástrofe e, na verdade, não somente porque a classe média baixa seja particularmente "reacionária" mas também porque estas classes acham, não sem razão, que todas as reformas relativas ao problema do negro estão sendo efetuadas às suas custas. Isto pode ser muito bem ilustrado pelo exemplo das escolas. As escolas públicas nos Estados Unidos, inclusive colégios, são grátis. Quanto melhores estas escolas, maiores são as chances para as crianças sem recursos entrarem nos colégios e universidades, ou seja, melhorarem de posição social. Nas grandes cidades, este sistema de escola pública, sob o peso de um *Lumpenproletariat* muito numeroso e quase exclusivamente negro, fracassou com poucas excessões; estas instituições, nas quais as crianças são conservadas durante doze anos sem ao menos aprenderem a ler e escrever, dificilmente podem ser chamadas de escolas. Mas se uma seção da cidade se torna negra como resultado da política de integração, então as ruas se desmazelam, as escolas são negligenciadas, as crianças crescem na ignorância — em suma, a vizinhança muito cedo se transforma num cortiço. Os grandes sofredores, à parte os próprios negros, são os italianos, irlandeses, poloneses e outros grupos étnicos que não são pobres, mas também não são suficientemente ricos para poderem mudar simplesmente, ou para mandarem seus filhos para as caríssimas escolas particulares.

Isto, contudo, é perfeitamente possível para as classes superiores, embora freqüentemente às custas de considerável sacrifício. O povo tem toda razão em dizer que cedo em New York somente os muito ricos ou os muito pobres poderão viver. Quase todos os residentes brancos que podem, mandam seus filhos, ou para escolas particulares, que quase sempre são muito boas, ou para as escolas de congregações, principalmente católicas. Os negros pertencentes aos níveis mais altos também podem fazer isto. Mas a classe dos trabalhadores não pode; nem a classe média baixa. O que torna estas pessoas especialmente amargas é que os liberais da classe média conseguiram a aprovação de leis cujas conseqüências eles não sentem. Eles exigem integração nas escolas públicas, eliminação das escolas de vizinhança (crianças negras, que em grande medida são simplesmente largadas ao desleixo, são transportadas em ônibus das favelas para as escolas em vizinhanças predominantemente brancas) e integração forçada de vizinhanças — mas mandam seus próprios filhos para escolas particulares e mudam para os subúrbios, algo que somente os que tem um certo nível de rendimento pode pretender.

Outro fator é acrescentado a este, que também está presente em outros países. Marx pode ter dito que o proletariado não tem país; mas é bem sabido que os proletários nunca partilharam deste ponto de vista. As classes sociais mais baixas são especialmente susceptíveis ao nacionalismo, chauvinismo e políticas imperialistas. Uma séria divisão do movimento pelos direitos civis em "branco" e "negro" surgiu como resultado da questão da guerra: os estudantes brancos vindos de dignos lares de classe média juntaram-se imediatamente à oposição, ao contrário dos negros, cujos líderes eram muito vagarosos na decisão de se manifestar contra a guerra do Vietnã. Isto valia até mesmo para Martin Luther King. O fato de que o exército dá certas oportunidades às classes sociais mais baixas para treinamento educacional e vocacional tem naturalmente uma função nisto.

PERG.: Você censura a nova esquerda na Alemanha Ocidental, entre outras coisas, por nunca ter "se interessado seriamente pelo reconhecimento da linha Oder-Neisse, que, no fim das contas, é uma das questões cruciais da política externa alemã e tem sido a pedra de toque do nacionalismo alemão desde a derrota do regime de Hitler". Duvido que sua tese possa ser sustentada nesta forma inflexível, pois a nova esquerda alemã está estimulando o reconhecimento, não somente da linha Oder-Neisse por Bonn, mas também da

República Democrática da Alemanha. Contudo, a nova esquerda está isolada da população em geral e não está dentro de suas forças dar realidade política prática a tais exigências teóricas. Mas mesmo que a Nova esquerda, extremamente fraca numericamente, interviesse "seriamente" a favor de um reconhecimento da linha Oder-Neisse, sofreria o nacionalismo alemão, com isso, uma derrota decisiva?

ARENDT: No que diz respeito às conseqüências políticas práticas, uma mudança de política na Pérsia seria certamente ainda menos provável. O problema com a nova esquerda é que ela obviamente não se importa com nada além das conseqüências eventuais de suas passeatas. Ao contrário do Xá da Pérsia, a linha Oder-Neisse é uma questão de responsabilidade direta de todo cidadão alemão; fazer manifestações para seu reconhecimento e alardear este assunto faz sentido mesmo sem considerar as conseqüências políticas práticas. Nada prova absolutamente se a nova esquerda "também" sair pelo reconhecimento da nova fronteira com a Polônia — como muitos bons liberais alemães fizeram. A questão é que este assunto nunca esteve no centro de sua propaganda, o que significa simplesmente que eles se esquivam de todos os assuntos reais e que envolvam responsabilidade direta. Isto é verdade tanto para suas teorias como para suas práticas.

Há duas possíveis explicações para esta fuga de um problema eminentemente prático. Até aqui só mencionei o nacionalismo alemão, do qual, não obstante toda retórica em contrário, se poderia suspeitar inclusive a nova esquerda. A segunda possibilidade seria que este movimento, na sua versão alemã, se entregou a tanta tolice teórica extravagante que não pode ver o que está na frente de seu nariz. Parece ter sido este o caso na época das Leis de Emergência — as *Notstandsgesetze*. Você se recorda como o movimento estudantil demorou para se tornar ciente de que alguma coisa de considerável importância estava acontecendo no parlamento; certamente bem mais importante para a Alemanha do que a visita de potentados orientais.

Quando os estudantes norte-americanos fazem manifestações contra a guerra do Vietnã, estão se manifestando contra uma política de interesse imediato para seu país e para eles mesmos. Quando os estudantes alemães fazem o mesmo, compara-se muito com o Xá da Pérsia; não há a menor possibilidade de eles serem pessoalmente levados em conta. Interesse passional em assuntos internacionais onde não esteja envolvido risco e responsabilidade tem sido freqüentemente um manto para esconder interesses nacionais realistas; em política, o idealismo é freqüentemente nada mais que uma desculpa para não reconhecer realidades desagradáveis. Idealismo pode ser uma forma de evasão completa da realidade, e este, eu acho, é muito mais provavelmente o caso aqui. A nova esquerda simplesmente passou por cima da questão, e isto significa que ela passou por cima da única questão moral que, na Alemanha do pós-guerra, ainda estava realmente aberta e sujeita a debate. E também passou por cima de uma das poucas questões políticas internacionais decisivas em que a Alemanha poderia ter tido um papel significativo depois do fim da Segunda Guerra Mundial. A falha do governo alemão, especialmente Adenauer, em reconhecer a tempo a linha Oder-Neisse, contribuiu grandemente para a consolidação do sistema soviético de satélites. Todos deveriam saber perfeitamente que o medo da Alemanha por parte das nações satélites refreou decisivamente, e em parte tornou impossível, todos os movimentos de reforma na Europa Oriental. O fato de que nem mesmo a esquerda, nova ou velha, ousou tocar neste ponto tão sensível da Alemanha do pós-guerra só poderia fortalecer consideravelmente este medo.

PERG.: Voltando ao seu estudo *Da Violência*: nele (quer dizer, na versão alemã) você escreve: "Enquanto independência nacional, ou seja, a isenção de dominação estrangeira, e a soberania do estado, ou seja, a pretensão de total e ilimitado poder nas relações externas, estiverem identificadas — e nenhuma revolução foi capaz até agora de abalar este conceito de estado — nem mesmo uma solução teórica do problema da guerra, da qual depende, não tanto o futuro da humanidade, mas a questão de se a humanidade terá um futuro, é tão concebível, e uma paz garantida na Terra tão utópica, quanto a quadratura do círculo". Que outro conceito de estado você tem em mente?

ARENDT: O que tenho em mente não é tanto um conceito diferente de estado, mas a necessidade de mudar este. O que chamamos de "estado" não é muito mais velho que os séculos quinze e dezesseis, e o mesmo se passa com o conceito de soberania. Soberania significa, entre outras coisas, que conflitos de caráter internacional só podem ser decididos basicamente pela guerra; não há outro último recurso. Hoje, contudo, a guerra — deixando de lado considerações pacifistas — entre as grandes potências se tornou impossível devido ao monstruoso desenvolvimento dos meios de violência. E assim vem a questão: O que tomará o lugar deste último recurso?

A guerra, por assim dizer, se tornou um luxo a que só pequenas nações podem se entregar ainda, e somente enquanto não forem atraídas à esfera de influência das grandes potências e não possuírem armas nucleares. As grandes potências interferem nestas guerras, em parte porque estão comprometidas a defender seus dependentes e em parte porque isto se tornou uma parte importante da estratégia da intimidação mútua na qual repousa a paz mundial hoje em dia.

Entre estados soberanos, não pode haver outro último recurso que não seja a guerra; se a guerra não serve mais este propósito, isto só prova que precisamos de um novo conceito de estado. Este novo conceito de estado certamente não resultará da fundação de uma nova corte internacional que funcionasse melhor que a de Haia, ou uma nova Liga das Nações, já que os mesmos conflitos entre governos soberanos ou ostensivamente soberanos só poderiam ser novamente repisados lá — ao nível de discursos, certamente, que é mais importante do que se pensa comumente.

Os únicos rudimentos que vejo para um novo conceito de estado podem ser encontrados no sistema federalista, cuja vantagem é que o poder não vem nem de cima nem de baixo, mas é dirigido horizontalmente de modo que as unidades federadas refreiam e controlam mutuamente seus poderes. Pois a dificuldade real em se especular sobre estes assuntos é que o recurso final não devia ser *supra*nacional, mas *inter*nacional. Uma autoridade supranacional seria ou ineficaz ou monopolizada pela nação que fosse por acaso a mais forte, e assim levaria a um governo mundial, que facilmente se tornaria a mais assustadora tirania concebível, já que não haveria escapatória para sua força policial global — até que ela por fim se despedaçasse.

Onde encontrar modelos que pudessem nos ajudar a erigir, pelo menos teoricamente, uma autoridade *internacional* como a mais alta entidade de controle? Isto parece um paradoxo, já que o mais alto não pode estar no meio, mas apesar disso é a questão real. Quando eu disse que nenhuma das revoluções, cada uma das quais derrubou uma forma de governo e colocou outra no seu lugar, tinha podido abalar o conceito de estado e sua soberania, tinha em mente algo que tentei aperfeiçoar um pouco no meu livro *On Revolution*. Desde as revoluções do século dezoito, todo grande levante desenvolveu realmente os rudimentos de uma forma completamente nova de governo, que surgiu, independente de todas as teorias revolucionárias precedentes, diretamente fora do curso da revolução em si, isto é, fora das experiências de ação e fora do desejo resultante dos atores em participar do ulterior desenvolvimento dos assuntos públicos.

Esta nova forma de governo é o sistema de conselho, que, como sabemos, pereceu em todo lugar e em toda época, destruído diretamente pela burocracia dos estados-nações ou pelas máquinas dos partidos. Se este sistema é uma pura utopia — de qualquer modo seria uma utopia do povo, não a utopia de teóricos e ideólogos — eu não posso dizer. Parece-me, no entanto, a única alternativa que já apareceu na história, e que tem reaparecido repetidas vezes. Organização espontânea de sistemas de conselho ocorreu em todas as revoluções: na Revolução Francesa, com Jefferson na Revolução Americana, na Comuna de Paris, nas revoluções russas, no despertar das revoluções na Alemanha e Áustria, no fim da Primeira Guerra Mundial e finalmente na Revolução Húngara. E mais, estes sistemas de conselho nunca apareceram como resultado de uma tradição ou teoria revolucionária consciente, mas de um modo totalmente espontâneo; cada vez como se nunca tivesse havido nada semelhante antes. Assim, o sistema de conselho parece corresponder e brotar da própria experiência da ação política.

Nesta direção, parece-me, deve haver algo a ser descoberto, um princípio de organização completamen-

199

te diferente, que começa de baixo, continua para cima e afinal leva a um parlamento. Mas não podemos falar sobre isto agora. E não é necessário, já que importantes estudos sobre este assunto têm sido publicados nestes anos na França e Alemanha, e qualquer um seriamente interessado pode se informar.

Para impedir um engano que poderia facilmente ocorrer hoje, devo dizer que as comunas de hippies e renunciantes não tem nada a ver com isto. Ao contrário, a renúncia a toda vida pública, à política em geral, está em suas raízes; são refúgios para pessoas que tenham sofrido naufrágio político — e como tal são plenamente justificáveis no terreno pessoal. Considero as formas dessas comunas quase sempre grotescas — na Alemanha e nos Estados Unidos — mas eu as compreendo e nada tenho contra elas. Politicamente não têm maior sentido. Os conselhos desejam exatamente o oposto, mesmo que comecem bem pequenos — como conselhos de vizinhança, conselhos profissionais, conselhos dentro de fábricas, conjuntos residenciais, e assim por diante. Há, na verdade, conselhos dos mais variados tipos, não somente conselhos de trabalhadores; estes são um caso especial neste campo.

Os conselhos dizem: Queremos participar, queremos debater, queremos que nossas vozes sejam ouvidas em público, e queremos ter uma possibilidade de determinar o curso político de nosso país. Já que o país é grande demais para que todos nós nos unamos para determinar nosso destino, precisamos de um certo número de espaços públicos dentro dele. As cabines em que depositamos as cédulas são, sem sombra de dúvida, muito pequenas, pois só têm lugar para um. Os partidos são completamente impróprios; lá somos, quase todos nós, nada mais que o eleitorado manipulado. Mas se apenas dez de nós estivermos sentados em volta de uma mesa, cada um expressando sua opinião, cada um ouvindo a opinião dos outros, então uma formação racional de opinião pode ter lugar através da troca de opiniões. Lá também ficará claro qual de nós é o melhor indicado para apresentar nossos pontos de vista diante do conselho mais alto seguinte, onde nossos pontos de vista serão esclarecidos pela influência de outros pontos de vista, revisados, ou seus erros demonstrados.

De modo algum todo residente de um país precisa ser membro de tais conselhos. Nem todos querem ou têm que se interessar por assuntos públicos. Deste modo é possível um processo auto-seletivo que agruparia uma elite política verdadeira num país. Qualquer um que não esteja interessado em assuntos públicos terá simplesmente que se satisfazer com o fato de eles serem decididos sem ele. Mas deve ser dada a cada pessoa a oportunidade.

Nesta direção eu vejo a possibilidade de se formar um novo conceito de estado. Um estado-conselho deste tipo, para o qual o princípio de soberania fosse totalmente discrepante, seria admiravelmente ajustado às mais diversas espécies de federações, especialmente porque nele o poder seria constituído horizontalmente e não verticalmente. Mas se você me perguntar que probabilidade existe de ele ser realizado, então devo dizer: Muito pouca, se tanto. E ainda, quem sabe, apesar de tudo — no encalço da próxima revolução.

POLÍTICA NA PERSPECTIVA

Peru: da Oligarquia Econômica à Militar
  Arnaldo Pedroso D'horta (D029)
Entre o Passado e o Futuro
  Hannah Arendt (D064)
Crises da República
  Hannah Arendt (D085)
O Sistema Político Brasileiro
  Celso Lafer (D118)
Poder e Legitimidade
  José Eduardo Faria (D148)
O Brasil e a Crise Mundial
  Celso Lafer (D188)
Do Anti-Sionismo ao Anti-Semitismo
  Léon Poliakov (D208)
Eu Não Disse?
  Mauro Chaves (D300)
Sociedade, Mudança e Política
  Hélio Jaguaribe (E038)
Desenvolvimento Político
  Hélio Jaguaribe (E039)
Crises e Alternativas da América Latina
  Hélio Jaguaribe (E040)
Os Direitos Humanos como Tema Global
  José Augusto Lindgren Alves (E144)

Norbert Elias: A Política e a História
  Alain Garrigou e Bernard Lacroix
  (orgs.) (E167)
O Legado de Violações dos Direitos Humanos
  Luis Roniger e Mário Sznajder (E208)
Os Direitos Humanos na Pós-Modernidade
  José Augusto Lindgren Alves (E212)
A Esquerda Difícil
  Ruy Fausto (E239)
Introdução às Linguagens Totalitárias
  Jean-Pierre Faye (E261)
A Politização dos Direitos Humanos
  Benoni Belli (E270)
Outro Dia: Intervenções, Entrevistas, Outros Tempos
  Ruy Fausto (E273)
Norberto Bobbio: Trajetória e Obra
  Celso Lafer (PER)
A Identidade Internacional do Brasil e a Política Externa Brasileira
  Celso Lafer (LSC)
Joaquim Nabuco
  Paula Beiguelman (LSC)

COLEÇÃO DEBATES
(Últimos Lançamento

326. *Brecht e o Teatro Épico*, Anatol Rosenfeld.
327. *Teatro no Brasil*, Ruggero Jacobbi.
328. *40 Questões Para Um Papel*, Jurij Alschitz.
329. *Teatro Brasileiro: Ideias de uma História*, J. Guinsburg e Rosangela Patriota.
330. *Dramaturgia: A Construção da Personagem*, Renata Pallottini.
331. *Caminhante, Não Há Caminho. Só Rastros*, Ana Cristina Colla.
332. *Ensaios de Atuação*, Renato Ferracini.
333. *A Vertical do Papel*, Jurij Alschitz
334. *Máscara e Personagem: O Judeu no Teatro Brasileiro*, Maria Augusta de Toledo Bergerman
335. *Razão de Estado e Outros Estados da Razão*, Roberto Romano
336. *Teatro em Crise*, Anatol Rosenfeld
337. *Lukács e Seus Contemporâneos*, Nicaolas Terulian
338. *A Tradução Como Manipulação*, Cyril Aslanov
339. *Teoria da Alteridade Jurídica*, Carlos Eduardo Nicolletti Camillo
340. *Estética e Teatro Alemão*, Anatol Rosenfeld

Este livro foi impresso na cidade de Cotia,
nas oficinas da Meta Brasil,
para a Editora Perspectiva.